陪&育 孩子上清北

高途高考研究院◎编

高途高中图书课堂

扫码获取更多免费资源

哈爾濱工業大學出版社
HARBIN INSTITUTE OF TECHNOLOGY PRESS

图书在版编目（CIP）数据

陪&育孩子上清北 / 高途高考研究院编 . —哈尔滨：哈尔滨工业大学出版社，2021.10

ISBN 978-7-5603-9729-0

Ⅰ . ①陪…　Ⅱ . ①高…　Ⅲ . ①高中生—学习方法②高考—经验　Ⅳ . ① G632.46 ② G632.474

中国版本图书馆 CIP 数据核字 (2021) 第 199623 号

策划编辑　刘　瑶

责任编辑　那兰兰

封面设计　闫　盈

出版发行　哈尔滨工业大学出版社

社　　址　哈尔滨市南岗区复华四道街 10 号　**邮编**　150006

传　　真　0451-86414749

网　　址　http: //hitpress. hit. edu. cn

印　　刷　廊坊市安次区团结印刷有限公司

开　　本　880mm×1230mm　1/32　**印张**　6.125　**字数**　135 千字

版　　次　2021 年 10 月第 1 版　2021 年 10 月第 1 次印刷

书　　号　ISBN 978-7-5603-9729-0

定　　价　58.00 元

前 言

教育是父母对孩子一生的投资，孩子是父母长远的事业。望子成龙，望女成凤，也是天下父母共同的期盼。为了让更多的家长了解如何培养孩子，让更多的孩子受益，我们邀请数百位高途2021届“清北优秀学员”的父母分享其教育理念与教育方法，精选部分整理成书。谨以此书献给渴望做好父母的你——带领孩子成为更好的自己。

本书由三部分组成：

第一部分：家庭教育篇。全方位、多维度地阐述了清北学子的父母如何开阔孩子的视野，如何帮助孩子养成良好的学习习惯，如何培养孩子的自信心与自驱力，如何正确地引导孩子分析并解决问题。

第二部分：教育智囊篇。孩子在成长过程中会遇到各式各样的问题，本篇从沟通方式、高效学习、心理健康、素质成长等不同维度，为可能面临类似问题的家长指点迷津，如：沟通方式；网络时代家长如何教导孩子辨别网上信息的真假；

心理健康；孩子自律性差、沉迷电子设备应如何引导等等。

第三部分：专业就业篇。进入高中的孩子，就要面临着高考志愿的填报。选择合适的专业不仅关系到孩子大学期间的学习以及专业素养的培养，还关系到孩子未来的就业。专业的选择也初步确定了孩子未来的就业方向以及职业发展，专业选择的重要性不言而喻。本篇汇聚当下热门专业的相关介绍、高校排名及行业前景，事先为家长及学生的专业和就业引路、导航。

相信培育清北学子的生动经历与成功经验的分享，可以引导父母们以正向、积极的心态，为孩子营造愉悦的成长氛围，塑造孩子未来的无限可能性。衷心期望通过《陪 & 育孩子上清北》的分享，使更多的父母能够成为高效能的家长，进而助力孩子成为更好的自己。

高途高考研究院

2021.10

篇一

家庭教育篇

「父母是孩子的第一个老师，孩子从幼儿园到小学、中学时期，大部分是生活在家庭里的，而这正是孩子们长身体、长知识，培养性格、品德，为形成世界观打基础的时期，父母的一言一行都给孩子深远的影响。

——别林斯基」

篇二 教育智囊篇

「梯级不是为休息而设，它只是供人一足踏上使另一足更高而已。
——赫胥黎」

篇三

专业就业篇

「闻道有先后，术业有专攻。

——韩愈」

篇一

家庭教育篇

「 父母是孩子的第一个老师，孩子从幼儿园到小学、中学，大部分是生活在家庭里的，而这正是孩子们长身体、长知识，培养性格、品德，为形成世界观打基础的时期，父母的一言一行都给孩子深远的影响。

——别林斯基 」

一路“向北”，静待花开

学员家长：杨同学家长
学员录取大学：北京大学

2021 年 6 月 8 日 17 时整，随着清脆的铃声响起，一块石头终于落地。当天晚上跟同事换了个班，一家三口出去下馆子。我们已经很长时间没有在外面吃饭了，准备好好犒劳犒劳自己。

整个晚上只听到儿子在唠唠叨叨地诉说考试的事情：数学这里不该错，那里出题老师挖了个坑，理综好难，等等。我们只是默默地听着，时不时还要递上话柄，就像相声里面的捧哏一样接接话。看着他的表情感觉他这次考试应该发挥得不错，但我毕竟是“老江湖”了，深知考试后感觉很好的，结果往往不怎么样。但我又不能打击他，只能静静地听着。果不其然，吃完饭后回到家里，手机、笔记本电脑齐上阵，信息满天飞，他跟同学们一阵联系过后，情绪急转直下，声音也从高亢转向低沉，脸色也从阳光明媚转向阴云密布。我的心也跟着一阵紧似一阵。其实我对孩子的能力是相当自信的，但也深知考试的偶然性很大，干扰因素、不可控因素也很多，失误也很正常。因此，我心里把期望值下调，但表面上依然云淡风轻地宽慰着他。

接下来就是漫长的等待，越临近出分日，越发紧张焦虑，整夜失眠。终于等到出分，所幸结果不错，我们终于松了口气。十二年的求学也取得了圆满，孩子实现了自己的第一个重大目标。

回顾孩子从幼儿园、小学、初中、高中的求学生涯，其中经历了风雨，也遇见过彩虹，有迷茫，有分歧，有挫折，有弯路，有失落，也有欢乐，点点滴滴，难以言表。每个孩子的资质、秉性不同，因材施教，教无定法。希望我的几点粗浅看法，能够抛砖引玉，为广大家长们提供参考的同时能引发其思考。

树立榜样和目标，一路“向北”

榜样是非常重要的教育资源，用得恰当，能极大地促进孩子的成长。榜样可大可小，可远可近。榜样需要灵活运用，不可固化、神化。

我的策略是由小到大，由近及远。比如在他小学的时候，我会关注比他优秀的孩子的学习细节，只关注不评价，引导孩子向更优秀的同学看齐。初中时关注年级排名靠前的孩子，高中时关注全市一模、二模、三模的领先者。最近跟他聊的是北京大学的韦东奕，其实这都是在为他树立榜样，有了榜样自然有了目标。目标就是向榜样看齐，不需太具体。作为家长，我们不限定孩子的发展，无权也无能力决定孩子的发展方向，更不会帮孩子规划发展的路径，因为孩子是成长的，他有无数的发展可能。我们家长千万要有自知之明，做我们力所能及的事就好，不要越俎代庖。

创造安宁环境，高质量陪伴

这点大家应该都不陌生，安宁的环境对学生学习的重要性毋庸置疑。专注力是大脑信息加工的过滤器，能帮助学生提高学习效率，而专注力的培养以安宁的环境为前提，没有安宁的环境，人的内心很难平静，也就无法形成专注力，对儿童而言更是如此。小学生刚进入课堂，谁先静下来谁就有了先发优势，所以小学阶段女孩子普遍成绩比较好，就是这个原因。

何为高质量陪伴？我的理解是给孩子创造一个安宁的心理环境就是高质量陪伴。不同年龄的孩子需要不同的陪伴方式。孩子幼年时，我积极参与孩子的活动，一同玩，一同疯，将自己变成孩子的玩伴，在玩中引领孩子成长。随着孩子年龄的增长，我慢慢退出孩子的领地，在心理上为他留出成长的空间，空间越留越大，直至完全退出。到了高中，我基本上不会参与他的学习交往活动，除非他提出需求。到高三时，我的陪伴方式就是，他在房间里面，我在房间外面，陪伴变成了周二、周四中饭时与他在饭桌上的有一句没一句闲聊。内容五花八门，有时事新闻、社会热点等。

抓住教育细节，润物无声

教育像阳光，像雨露，润物细无声。教育不是万能的，没有教育是万万不能的。没有生而优秀的人，再优秀的人都需要依靠教育成就。教育讲究时机、策略、分寸。时间、空间的选择就是时机，时机的选择，考验家长的眼光。比如孩子第一次撒谎怎么批评，是当时还是延后，是在人前还是在人后，等等，这都需要家长审时度势。教育策略，更能彰显家长的能力水平，这个话题很大也很复杂，我水平有限，不敢妄言。就自身的感受而言，孩子没有抵触，愿意接受教育，就成功了一半。还就上面撒谎的例子来说，如果你批评时的方法态度，孩子能接受，而且也意识到错误，这就是一个不错的策略。教育分寸则更难以把握，过犹不及。同样是批评，不同的人，不同的时间，不同的空间，“度”是不同的，而且很难说清楚，只能靠自己体会。

作为家长一定要走在孩子成长路径的前面，这样才能够引领孩子成长。孩子的成长路径有共性的阶段，比如儿童认知发展期、心理发展期等。这些方面的内容在网上可以查到。比如，孩子很小时我会带他看广告牌，认识汉字，认识各种图形、颜色，培养他数量的概念。初一的时候，我会在生活中有意识地向他解释一些物理现象，到初二的时候就在网上买一些化学仪器让他在家里摆弄，这些都是在引领孩子。当孩子上路了，家长就可以放手了。

言传身教，以身作则

这是大家都知道的道理，却又是很难做到的。现代社会生活节奏快，生活压力大，家长们为了生活，为了事业，身心疲惫，回到家就想放松休息一下。言传身教，以身作则，谈何容易。但这却是家庭教育中最不可忽视的一环，所谓的家教就是这样传承下来的，所以大家要充分认识“言传身教，以身作则”。你希望孩子未来是什么样的，你就得向着那个样子去努力。

家庭也是培养自尊的场所。自尊生发自律，一个相互尊重、民主自由的家庭氛围，培养出的孩子的自尊水平一般会很高，同时自律水平也很高。孩子的发展规律是从他律慢慢过渡到自律的，能不能过渡好，取决于自尊水平的高低。所以家长一定要充分尊重孩子，尊重孩子的前提就是要释放选择权。比如，高二的时候我的孩子考上了中国科学技术大学少创班，当时就面临上还是不上的选择。我很想他上，但还是将选择权完全交给了孩子，我没有任何倾向性的言语和表情。上与不上少创班，完全取决于他自己，因为当时他快成年了，他理应拥有完全的选择权，当然也需要承担相应的责任。经过痛苦的抉择，他放弃了中科大，毅然决然地备战高考。在整个高三期间，他的努力让人心疼。一分耕耘一分收获，他收获了北京大学元培学院的录取通知。

成绩属于过往，未来仍需努力，我们将继续前进！

父母是孩子学习生活的良师益友

学员家长：张同学家长

学员录取大学：北京大学

岁月不居，时节如流，当初那个嗷嗷待哺的小生命竟神奇般长成了一个亭亭玉立的大姑娘。看着孩子一路求学，最终圆梦“燕园”，作为家长的我们更是心潮澎湃、百感交集。在这里将自己的一些教育方法同大家分享，希望能对大家有所帮助。

金色童年：兴趣探索和品性培养

孩子幼年时期，我们发现她特别喜欢光顾街上的玩具店，我们也会给她购买其中的一部分玩具。我们觉得玩玩具是孩子充满好奇心和探索力的一个体现，我们不扼杀孩子童年时期这样一种探索的兴趣和热情，因为我们希望孩子未来能保持她心中的热情，从事她所热爱的事业。

孩子上小学的阶段，很多家长怕自己的孩子输在起跑线上，都给孩子报了各种各样的补习班和兴趣班。当时的我并没有那么做的意愿，一方面是本着给孩子金色童年，希望她的童年生活能够过得充实而快乐，觉得不宜过早给孩子背上沉重的包袱；另一方面觉得应该给孩子一定的时间和自由度，去探索属于她的个性化的发展空间。我们惊叹的是，孩子在很小的时候就表达了对人文学科的热爱。她那个时候可以抱着一本书在书店坐一下午，而且对诗歌情有独钟。在进入小学前，她就主动找我教她一些诗歌，她自己还反复背诵，这样她在上小学之前就已经会了一些诗歌。这大概就是她对文科学习保持始终如一热情的原因所在吧！

初中阶段：我和先生是孩子学习生活的良师益友

孩子进入初中以后，很多家长和我交流，说自己的孩子现在正处于青春期，很叛逆，在一些问题上经常会和父母争吵。而她却从未有过这种情况，在我眼里她一直是一个很听话懂事的孩子，我想这是我们长期以来的互相理解、一路陪伴共同成就的。孩子和我是无话不谈的好朋友，每天放学回家以后，她就会跟我讲学校发生的一些有趣的事。她遇到任何困难的时候，也总是愿意向我求助，我也会尽我所能，站在她的角度去想适合她的解决问题的办法。通过长期的沟通和交流，我和孩子更能够照见彼此的内心，从而更加理解对方的想法。

孩子小的时候，很多家长都会严格要求孩子，直接告诉孩子不能这样做。但是我会给孩子讲，你这样做了的后果是什么，影响是什么，为什么不让你这样做。这样的话孩子就明白了做这件事情的影响，让她在权衡做这件事的利弊中明辨是非。当孩子能够真正从内心接受我的想法以后，我们之间的隔阂和障碍就会被打破，因此在我们彼此的眼里，对方都是善解人意的人，也就更容易沟通，我们也成了彼此最忠实的好友。

假期旅行：读万卷书，行万里路

从小到大，孩子生活的家庭氛围一直都是轻松活泼的，孩子在这样的氛围下也更容易变得阳光而乐观。为了帮助孩子开阔视野，塑造正确的人生观、世界观、价值观，我们利用假期带孩子遍访名山大川，领略人文圣地。孩子的视野和格局得到了开阔，也培养了一颗热爱生活的心。

高中学习：深入思考，鼓励引导

孩子上高中的时候，我会适时对孩子的学习进行引导。比如我会鼓励孩子每天做计划，将自己每天需要完成的任务列在一个清单中，这样可以帮助孩子培养目标意识，有的放矢，让每天的学习生活更加高效。同时孩子很擅长整理知识框架，给散乱的知识点串一条线，这样可以避免知识的遗漏。通过搭建框架，再将知识逐个填入，最后精雕细琢地完成知识系统的整理和复习。

我总是提醒孩子，在刷题的背后更重要的是对知识的总结和反思，因此，孩子养成了做错题本的好习惯。孩子的错题本上记录了经典题目的摘抄、自己常见的易错点，以及一些心得体会的汇总，这样做可以使孩子避免出现类似的错误。

我告诉孩子，获得知识的过程使人快乐，但是分享知识更令人感到幸福。因此，孩子经常走上讲台，给同学们讲题，分享自己对一些题目的看法。这样做一方面减轻了老师的教学负担；另一方面孩子将自己的思想与同学交流，可以实现思想上的碰撞，从而提升学习成绩。在给别人讲题的过程中，她巩固了自己所学的知识，还带动了同学们的共同进步。

孩子高中的学习生活是紧张而充实的，不过孩子一直很自律，在学习方面确实没有让我们过度操心。她进入高中以后成绩稳定且名列前茅，还参加北京大学的冬令营并获得了“优秀学员”的认定，在高考之前再一次得到北京大学“优秀学员”资格的认定，这让我和先生倍感欣慰。

当接到那古朴庄重、浸染“燕园”红的录取通知书的一刻，孩子梦想的大门已悄然敞开，她即将开启新的征程，伴随孩子成长的我们也发生了华丽的蜕变。衷心希望孩子迈入大学后能更多地获得学识和思想上的升华，诚如，我们这些做家长的纵使负累也轻盈！

把人生的修行融入生活小事中

学员家长：刘同学家长

学员录取大学：清华大学

2021 年高考结束，儿子考入了心仪已久的学校——清华大学，站在人生新的起点，即将放飞青春，开始自己的逐梦之旅。作为孩子的母亲，怀着几分欣慰，在回顾总结中，翻开了过去十八年与儿子共同的成长之旅。

做学习型家长，做好智力开发

在孩子的成长过程中，作为家长，我们始终秉持学习的态度。多向书本学习，多向有经验的家长学习，多向小有成就的人学习。在孩子孕育的过程中，我坚信“三岁看大，七岁看老”的育儿理念，坚持科学育儿，买了很多关于如何培养孩子的书籍，坚持亲自带孩子。从小就带着他接触大自然，带着他读书认字，每天坚持跟他认真说话。在三岁左右，孩子的识字量在同龄人中就已经遥遥领先。

在幼儿园期间，我们通过学习珠心算培养他的数学思维能力，开发他的大脑。同时加强阅读能力，从小就给他买《幼儿画报》《幼儿智力世界》等适合他年龄的读物，每天陪着他先讲故事，然后识字。在玩具方面，我们也一直在寻找益智玩具，穿针引线，拼图，插国旗，下军棋、象棋、五子棋，等等，从小他就乐此不疲地享受其中。在寒暑假我们尽自己所能，在潜能开发方面，在一个四线小城里，为他寻找各种兴趣班，画画、拉丁舞、游泳、钢琴、朗诵等。因此，小时候他就在同龄人中显示出了聪颖。

做陪伴型父母，把好成长之舵

在小学期间，我们坚持把阅读当作头等大事，坚持为他买书，陪他读书，无论是经典名著的少儿版还是有趣的故事书，只要他喜欢，我们从不吝惜金钱。小学阶段他读过的书整整装满了两个书柜。同时，他的父亲从《西游记》开始，每天在睡前为他讲四大名著，激发他的阅读兴趣。小学时的阅读能力培养为他今后快速读题、解题的能力打下了坚实的基础。

从小学二年级暑假开始，他非常有幸地接触到了北京大学毕业的李明超和顾森老师，广博的学识，独特的思维，自成一体的知识体系都大大地开阔了他的视野，为他插上了数学的翅膀，轻松学习，乐享其中，最终取得了高考数学 150 分的好成绩。

小学的学习时间比较宽裕，因此在尊重他爱好的基础上，我们为他选择了钢琴和乒乓球两项爱好。这不仅成为他的爱好，同时也在无形中锻炼了他的手眼协调、左右脑开发等能力。这两项爱好直到现在他也依然陶醉其中，钢琴十级的水平成为他在高中紧张的学习中的调剂品，每次学累的时候打开琴盖，弹奏一曲，心情立刻就好了起来。每日课间雷打不动的一小时乒乓球运动，是他良好身心的保障。

作为父母，我们要一直陪伴在孩子左右，充分尊重孩子的意愿，按照他们的兴趣爱好，做好引导工作、后勤工作，让他们在人生的成长之路上健康、向上地前行。

做朋友型父母，树好榜样之风

在进入中学后，随着青春期的到来，孩子有了自己的独立思想，形成了自己的朋友圈。作为父母，在这个时期要学会逐渐放手，努力成为孩子可以交流的朋友，做好引领和答疑解惑足矣。让孩子在成长的岁月里摸索出应对生活的各种本领。

在中学期间，我们始终关注他的交友对象，通过在餐间或者上学途中短暂的交流，了解他经常跟谁接触，他们在一起都做什么事情。在基本保证他交往的是人品端正、积极上进的朋友后，我们不会过多干涉他的事情，只是通过微信为他推送一些积极向上的文章，或推送一些优秀人物的事迹。在生活中，我们会寻找身边优秀的人，专门请来跟他交流，用榜样的力量推动、激励他的成长。

在学习过程中，作为家长，我们没有完全禁止他使用手机。我们始终认为现代社会手机是难以避免的信息交流工具，在成长过程中让他自己学会如何合理正确地使用手机，也是家庭教育的一项重要任务。一方面，我们用每月的月考成绩衡量他是否用心学习；另一方面，我们在他使用手机玩游戏的时候对他进行督促约束，锻炼他的自律性。这样的循序渐进是为了防止他进入大学后在没有父母约束的条件下，他对手机等通信工具无节制地使用。

作为父母，我们也始终严格要求自己。在工作中，认真努力，积极上进，为他树立榜样；在家庭中平等互爱，努力营造和谐宽松的家庭氛围。在家中很多时候，我们在一起讨论工作中的事情及为人处事之道，就是想潜移默化地让他学会如何努力，为什么要上进，我坚信“言传不如身教”，因此，我和他的父亲尽我们最大的努力要求自己，每天进步一点点，做孩子的好榜样。

回首过往，在孩子的成长过程中，除了他自身的努力，值得感恩感谢的人还有太多太多……为他答疑解惑、引领指航的恩师，与他一路相伴、共同成长的朋友，生活中点点滴滴的经历成就了今天的他。

当然，在过往的生活中，我们的教育也有很多需要反思之处，他也还有很多需要提高和改进的地方，比如说字迹的工整，生活中的自理能力，为人处事能力的提升，等等。一辈子很长，“修炼”依然在路上。如今，高考尘埃落定，站在人生更高的平台上，这是一个新的开始，有机遇也会有挑战，更需要他砥砺前行，不断拼搏。

作为父母，学会放手，满怀期待，也衷心地希望他在求学的道路上，以及今后的人生旅途中，能永葆一颗谦虚谨慎之心，在清华园里勇于接受知识的洗礼，努力成长为一名对社会有益并能为祖国建设做出贡献的合格公民！

加油吧，孩子！

好习惯成就精彩人生

学员家长：刘同学家长

学员录取大学：北京大学

我们全家翘首以盼的北京大学录取通知书终于从北京飞到了大连，儿子拿到通知书的那一刻万分激动，欣慰孩子十二年的寒窗苦读终于取得了阶段性胜利。

十二年的寒窗苦读之路儿子虽然走得很艰辛，所幸结果是皆大欢喜的圆满。收到录取通知书的那一刻意识到儿子即将与我们分离，融入集体生活，可是我们还是由衷地为儿子获得新征程的入场券而高兴。当然也满心欢喜地送儿子踏上新的征程，祝福儿子进入更广阔的人生天地，续航他的精彩人生。

儿子高考分数出来的那天，意味着他从此成了大家眼中的“别人家的孩子”。有很多亲朋好友以各种方式问我们怎么培养出这样优秀的孩子，我琢磨了这么多天，将儿子的高考成功经验归结为一条：好习惯成就精彩人生。

也许会有部分家长认为我是故弄玄虚，或是炫耀，或是认为这是空话假话，也可能会有家长疑惑，认为自己的孩子也有很多好的习惯，可是为什么就没能考入理想的大学呢？下面我简单回顾一下孩子高中三年的求学路，便于更加真实地阐明好习惯是如何成就精彩人生的。

实际上，孩子中考只考了 638 分，连大连市中考统招分数线都没达到，在大连市的排名也是 400 多名，最后靠指标统调上的

大连育明高中。孩子的入学成绩在学校的排名是中等偏上，绝对不是佼佼者。我陪儿子去领取高中录取通知书时，高兴中带点儿忐忑不安。

2018 年，领取高中录取通知书留念

还记得当时我鼓励孩子的话语：今天你幸运地考上了大连三甲之一的育明高中，在这所学校里你的竞争对手比初中时候更多了，也更强了，希望三年后你仍能脱颖而出，考上自己理想的大学。

我们陪孩子去育明高中报到的第一天，在操场上看到了 2018 年高考“龙凤榜”。那一年的孩子考得都很好，考上北京大学和清华大学的孩子加起来有三十多位。当时我很羡慕，并问儿子：三年后你能进这个名单里吗？儿子当时对自己信心不足，他只告诉我他尽力而为。可是我比儿子信心足，我勉励儿子：不想当将军的士兵不是好士兵，同理不想上清北的学生就不是好学生，儿子你一定能行，只要努力，凭你的实力一定能考上理想的大学。

努力奋进不服输

儿子高中刚入学时，成绩平平，但孩子从小“努力奋进不服输”的精神让他从不气馁，所以平时儿子埋头努力学习，上课更是专心听讲。这也是我值得骄傲的地方。孩子求学的过程中，教过他的老师都特别喜欢他，喜欢他听课时那用心专注的眼神，这样的眼神告诉他们：这个孩子在专注高效地听他们讲课，这个孩子未开小差。我常想如果课堂上孩子们都用这样的态度来听课学习，还发愁成绩提高不了吗？从老师的角度来说，碰到这样认真听课的学生，老师一定会倾囊相授的。意料之中的是，在老师辛苦教导和孩子用心地努力下，孩子在高中的第一次期中考试中成绩毫无意外地名列前茅，也毫无悬念地被提拔进了学校的“先修班”，也因此为他在育明高中的求学生涯打下了一个良好的基础。

一件事既然做就要力争做到完美

为了给儿子提供更可靠的升学保障，同绝大多数家长一样，我们也让孩子报名学习了信息学竞赛课程。孩子学得比较晚，高一才开始学习计算机知识，南方许多省的学生都是从初中甚至小学就开始学习了。虽然起步较晚，但儿子拿出更多的时间来学习信息学竞赛课程，为了不影响正常的学习和作业，同未参加竞赛的同学相比，孩子付出了双倍的辛苦。功夫不负有心人，通过一年半时间的学习，最终在信息学竞赛中获得了“省一”名次。这个名次虽然在高考中不能加分，但着实为孩子大学选专业奠定了坚实的学科基础。正所谓“塞翁失马焉知非福”，希望这个经验能给家长们参考。

自控力强

孩子还有一个最值得肯定的好习惯：自控力强，不玩手机。高中刚入学时，我们给他配备的是老人机，主要考虑到当时孩子住校，担心他玩手机游戏会影响学习。直到孩子不住校后，为了方便才给他配备了智能手机。平时方便与孩子沟通，也听孩子说过他们班有几个学生入学时成绩名列前茅，是以统招分数线以上的好成绩被育明高中录取的，但入学后沉迷于手机游戏，成绩节节败退，从入学时的班里前几名退到二三十名，最差的时候甚至接近倒数，可见智能手机真是影响了无数自控力不强的学生。为此我们也曾担心儿子被智能手机影响，所幸观察一段时间后发现儿子的自控力很强，他能很好地处理好学习与手机的关系，孩子完全把手机当成获取知识的一种媒介，将手机只用于查询资料或网课学习，所以我们未禁止孩子使用手机。后来还给孩子配备了一部新手机，儿子常用它来搜题或寻求帮助，但也绝不依手机搜题来完成作业，作业也是自己保质保量地及时完成的。

听从对的意见，不产生逆反心理

孩子还有一个让我欣慰的好习惯：父母的意见如果对的话，他都会听从，不会产生逆反心理。高三下学期时，为了快速提高语文、数学和英语三门课程的成绩，我们给儿子报了“高途点睛班”课程，虽然学校的学习任务重，但孩子仍然毫无怨言地按时学习“高途课程”。而这些课程也确实起到了“点睛”作用，孩子的三科成绩均有提高，这也为孩子成功考上北京大学提供了强有力的学习保障。下面是我儿子学习“高途点睛班”课程时，老师所讲精彩内容的截图。

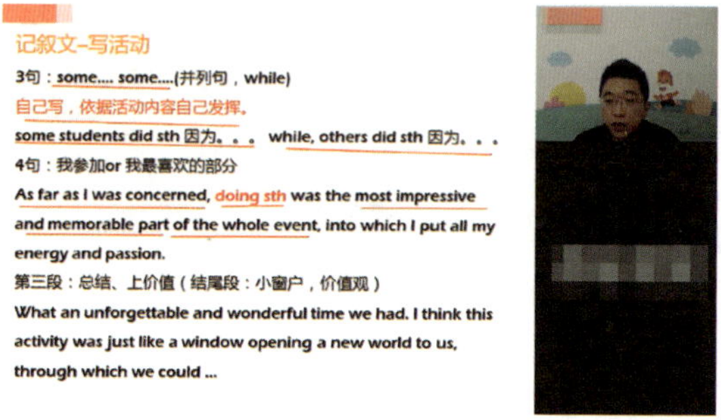

最后我们父母和孩子都要感谢孩子高中三年的班主任刘懿老师，他是孩子求学路上碰到的最认真负责、最优秀的班主任。三年来刘老师对孩子的付出可谓“师恩似海”。感谢刘老师的言传身教，竭尽所能地引导孩子健康快乐地成长、成才。也衷心感谢孩子求学路上遇到的每一位好老师，期望孩子进入北京大学后再接再厉，努力成为中国计算机领域中的杰出人才，成为民族之脊梁，国家之希望！

为孩子保留一片天空

学员家长：韩同学家长

学员录取大学：北京大学

永远努力在你的生活之上保留一片天空。

——普鲁斯特《追忆似水年华》

在高考落下帷幕的一个多月里，有担心，担心高考分数不理想；有紧张，查分的那一刻；有高兴，成绩681分，全省排名五十三；有激动，裸分可以冲北大清华；也有小遗憾，再多考一分就可以稳进北大清华；有期待，期盼能收到北大清华的录取通知书；有惊喜，确定进北大经济学院！

孩子能如愿以偿地考入梦寐以求的大学，作为家长我万分欣喜。回顾转瞬即逝的高中三年，发现有煎熬也有期待，我和孩子都在日省吾身，不断改变，不断完善。期间，我也一直思考应该为孩子营造什么样的学习环境和生活环境，而答案正如普鲁斯特所说：永远努力在你的生活之上保留一片天空。

孩子存在的问题及家长的无力

起初监督孩子学习，不得不说是一种煎熬。小学、初中阶段，我对孩子学习方面抓得比较松，孩子做完作业就万事大吉，也没有及时检查作业了解孩子的学习情况，老师布置的需要家长监督的一些听写的内容孩子也都自己做，初中时孩子遇到不会的题不先思考如何解题就查手机，每学期买的练习册都没有写就送给别人……这些问题直接导致孩子上高中后处在一种松散自得的状态，丧失了对学习的热爱，反而热衷于班级学校的活动，对作业只是草草应付了事而不进行深入的思考和学习。此时，我时刻担心着孩子成了为一纸文凭而荒废青春的人。

作为家长，当时难免有望子成龙而求不得的怅惘失落之感，心急火燎时，难免采用一些不合适的管教方法，比如责备打骂，但是这些方法并不起作用。于是不得已反求诸己，希望通过自己学习优秀方法和学习方案来激励他亦步亦趋，最终结果依然是竹篮打水，孩子并不会全盘接受别人的思维范式。

同时疫情让家长也有了更多督促孩子学习的机会，让我可以发现孩子在学习上存在的一些重要的问题：一是上课状态不好。简单知识不愿意听，细化基础知识点类题目不能准确解答，而难度升级的类型题目又并不能完全解出，知识点巩固度不高。二是不愿意动手做题，不愿意深入思考，稍微有点难度就想查答案。三是对薄弱环节没有明确的自我认知，学习计划混乱且执行不到位。

其实我相信这些问题可能也会存在于其他孩子身上，并且作为家长的我们有时候找不到合适的解决办法。但正如我在开头所说的，为生活留有一片天空，留有希望和坚持。针对问题逐个击破，我们一定能取得成功。以上这些问题我也跟孩子的班主任做了沟通。孩子更能接受老师说的话，我们家长就应向班主任反馈问题。班主任与孩子进行耐心细致的沟通，并鼓励孩子，最终孩子会不断改变自己，以更高的标准要求自己。

在教育孩子方面的一些浅见

在孩子高中的最后一年里，我们努力着，改变着，收获着！

对于我来说，有幸接触到国际儒学联合会会员秦东魁老师的传统文化课，并购买了传统文化和古典书籍，受益匪浅。以下是我在孩子的教育方面的一些浅见，希望能为大家提供一些帮助。

1. 创造良好环境

秦东魁老师说孩子是父母的复印件，要想孩子好，家长必须好，为孩子树立榜样。环境对成长有不可低估的影响，家长要努力为孩子创造良好的文化环境和成长环境。其中重要的是，孝亲祭祖要做好，夫妻要和谐。父母祖先是我们的根，根深才能叶茂。《弟子规》第一部就讲到“首孝悌”，孝乃人生第一步，孝乃德之根本。孝敬父母，最基础的要做到四点：养父母之志；养父母之身；养父母之心；养父母之精神。给孩子创造一个良好的文化环境，就能让孩子向着好的方向不断努力。另外，夫妻和谐能为孩子提供上等的成长环境，孩子在其乐融融的健康的家庭环境中身心愉悦，就会健康茁壮成长，也会乐观积极上进。

2. 给予信任与理解

还有一个最简单而有效的方式——微笑，思人恩德，想人好处。我们内心世界阳光，正能量满满，就会境随心转。所以我们要欣赏孩子，对孩子充满信心，每天都相信孩子一定能行。我从3月开始，每天早上都跟孩子说："你最棒，加油！"让孩子信心满满地去迎接每一天。但同时也并非盲目乐观，针对孩子学习中存在的问题我会及时指出，需要的话还会与老师沟通。孩子的确会存在不足，但是不提倡家长通过严令要求来解决问题，而应该和孩子达成一致，让孩子自己摸索方法。没有管出来的圣人，只有省察自身的成功者。

当孩子找不到目标时，孩子需要的并不是责备和"鸡汤"，而是家长的理解。知足者常乐，学会对孩子取得的成就知足，孩子自然就会感觉到父母的信任和理解，也就会越做越好。同时孩子或许会抱怨如果当初如何，作为家长我们要明确没有如果，只有珍惜现在，才能创造美好的明天。陶渊明说的"悟已往之不谏，知来者之可追"，说的正是这个道理。孩子学习上出现这样的情况说明一定存在问题，让孩子想办法把基础知识网络化更利于理解记忆，及时整理错题，理清每道题对应的知识点，找出每类题的切入点、解题技巧和方法，从而使灵活运用知识点来解题的能力和思维能力不断得到提升，这才是能向前不断冲刺的根本方法。

3. 尊师重道

对于孩子我们所应教授的还有最重要的一点是，一定要尊师。尊师重道，师说之话自古有之。亲其师，信其道，这是保证孩子课堂学习效率的不二法门。我家孩子非常幸运，遇到的老师人品和教学水平都很好。对于孩子，老师可以说亦师亦友，老师们帮助孩子培养出很多优秀品质。

更幸运的是遇到了“高途课堂”，遇到了赵礼显老师，上完赵老师的课，孩子能够针对掌握不牢的知识点或题型利用碎片时间强化，理解掌握。赵老师的稳重、细心，知识的网络化，解题的多样化，引导孩子不断完善自己，使孩子对数学更加热爱、更加重视，彻底消除了孩子对数学的恐惧心理。同时还有阿枫老师的及时督促，与孩子的热情交流也无时无刻不感染着孩子，激发孩子的学习热情。孩子生活中的喜怒哀乐也愿意和辅导老师分享，这有助于缓解孩子的学习压力。

4. 树立信心

最后一点是，临近高考和高考期间，家长一定要稳住心态，不急不躁，给孩子树立良好的榜样。秦东魁老师曾说，家长不要做无谓的担心，要永远相信孩子，永远为孩子在生活之上保留一片属于自己自由驰骋的天空，孩子才能创造美好未来。

与孩子共同经历的点点滴滴，会化为我们家长生命中最美好的回忆。我们是引路人，亦是陪伴者。征途漫漫，唯有奋斗。不论是孩子还是家长，我们一起努力！

孩子的成功离不开家长的付出

孩子家长：胡同学家长

学员录取大学：清华大学

高考分数公布前夕，我比孩子还紧张。经过一夜煎熬，成绩终于出来了，总分 683 分，其中语文 134 分，英语 148 分，只差两分就是满分了。我们全家欢呼雀跃，清华大学招生办老师也打来电话，让去商定专业。孩子的梦想实现了，看着他兴奋的笑容，我觉得这么多年的付出是值得的！

回望这十二载的求学岁月，我和孩子共同成长，孩子慢慢成了家长口中的“别人家的孩子”，但同时我们也知道，没有哪一个孩子就是天生优秀的，大部分的孩子都是慢慢地变得更好、更棒的。孩子的成长离不开家长的付出。十二年里，我从一名生意经营得尚可的新时代女性，变成了一门心思照料孩子的全职妈妈，心中有过困惑，有过不甘，有过愤怒，但看着孩子长得更高，变得更好，更加出色，才发现自己原来和孩子已经无法分离。孩子考取清华大学，见证了他的优秀，也见证了作为家长的我也是优秀的。高考分数出来后很多朋友问我是怎么教育孩子的，我没有即刻回答，我慢慢地拉开这十二年的记忆画卷，回忆着孩子越来越优秀的背后与我在其中发挥的作用，我认为主要有以下几方面。

陪伴是最长情的告白

什么样的孩子是优秀的？在多元化的当今社会，没有固定的标准，但很多时候孩子良好的习惯是与身边的父母一起养成的。孩子成长中会经历由小不点到“长成大人”、由天真无邪到叛逆莽撞，再到成熟稳重，跨越了各个阶段。每个阶段父母都会充当重要的角色，每个阶段父母也要懂得并掌握孩子的心理变化过程。比如，孩子小的时候喜欢跳舞、游泳、跆拳道、旱冰、滑板、羽毛球、古筝、画画、书法等，但是坚持学下来的只有游泳、古筝、书法、羽毛球这些爱好。而懂得如何对待孩子的兴趣乃至性格的变化是非常重要的，为此我尝试通过激将法、心理干预法、积极暗示法等科学方式提升孩子的沟通意愿，这样既能够帮助他慢慢进步，也能够构建良好的亲子关系。

借力打力，充实自身

借力打力指的是，要明确分析能够帮助孩子进步以及成长的点来发力。在孩子成长过程中，家长最重要的是为孩子营造更优越的环境。读了“孟母三迁”的故事后，我更能够明白这一道理。在孩子升初中时遇到一个特别好的小学老师，和他聊到孩子有上省级中学的机会，向老师咨询我们是上省级中学还是为环境熟悉而继续留在市里。老师的建议是一定要上省级中学，因为省级中学的师资力量更为雄厚，学生各方面素质能够培养得更好，兴趣爱好广泛，学习方面各有所长，总之各方面的资源都优于市级中学。最后，我们听取了老师的建议上了省级中学，孩子也很喜欢这里的环境，老师和学生关系更为融洽，学生上课时可以随时提问、随时指出老师出现的可能的错误，气氛相当活跃。

孩子在这里遇到了年龄虽然和家长差不多，但仍被孩子们亲切地称为“福哥”的张老师。孩子从张老师那里学到了很重要的“悟”，也就是思考的习惯。孩子对作业也有了取舍，不再为作业所累。此外，为了弥补差距，给孩子报了补课班，那里的老师上课时更是与孩子进行朋友般的互动，让孩子有更多的主动性，还能帮孩子理清思路。

我能做的也只有保障后勤，以及为孩子找到适合的辅导老师和学习资料等资源。临近初中毕业时，孩子一直在班上排第四至十五名之间，在重点高中的录取线边缘晃悠。孩子的语文是弱项。我很着急，就到处找名师，想在短时间内提高孩子的语文成绩。孩子不配合，认为语文成绩不是靠一两天就能提高的，重要的是利用有限的时间巩固各学科的成绩，不能捡了芝麻丢了西瓜。这时，我才意识到孩子已经形成了自己的学习方法，自己的大包大揽对孩子并没有好处。孩子最终以高出重点高中——山东大学附属中学录取线 10 分的成绩被录取。

一同坚持，助其自律

在学习方面，最重要的是自律和坚持。高二下学期，因为疫情孩子上了几个月网课，而网课和线下上课是有很大区别的，需要有一定的设备。

首先，我购买了上网课必备的耳麦、备用鼠标、护眼屏等，检查计算机、打印机等设备有没有问题，监督学习计划的制订以及作业完成情况等。

其次，在家上网课，由于缺乏良好的学习秩序和氛围，孩子可能会出现打瞌睡、注意力难以集中等问题。为了帮助孩子养成有序的学习习惯，营造课堂学习的氛围，我建议孩子穿戴整齐，到客厅用电视的大显示屏上网课。同时让他学会自律，自己规划好学习、休息、饮食时间，并强调上网课应和在学校上课一样，不能看电视、听音乐、吃零食等。

再次，学习日限制他使用手机的时间，早上用计算机登录钉钉后，手机被我拿走，需要上传作业才给他。每周六晚上是自由支配手机时间，孩子可以刷美剧，看国内国际新闻。

最后，感谢“高途课堂”的老师们对孩子的帮助。尤其语文课董腾老师上课时的睿智诙谐很吸引孩子，孩子受益匪浅。其实，幻想和理想的差别就在于实践，动起来是最基本行动力的表现，不愿动往往是惯性使然，所要做的只是基于自身加速度的意志摆脱静止状态。

沟通交流，促进成长

家长应当多与孩子沟通，认真倾听并了解孩子的心理需求。我很在意与孩子的沟通，我称之为闲聊。话题可以是，你今天在学校发生了什么事情，有什么让你开心或不开心的事情吗？闲聊并不是唠叨，唠叨只会使孩子厌烦，我们在闲聊中要给予孩子更多的肯定和鼓励。俗话说，数子十过，不如奖子一长，孩子的优点无论多么微小，我们都应给予肯定与表扬，这对培养孩子的自信心是十分有益的。当然，一个温馨和睦的家庭对孩子来说也是至关重要的。家庭和睦能使孩子养成乐观的性格、积极的人生态度，让孩子健康愉快地成长。

良好的心态也是成功的基础。高中阶段，孩子思想最为反复，但孩子也初步有了自己的思维方式。就参加竞赛还是参加高考的问题，我和孩子深刻探讨过，他最终选择高考。孩子学习成绩忽高忽低也一度让我担心，但我也坚决不把这种担心传导给孩子，只是观察孩子的思想动态，及时与其沟通，让孩子放平心态、放松心情，做最好的自己。孩子也能及时调整自己，在高考中以好的心态发挥出自己的真实水平。

素质教育助力北大之路

学员家长：姜同学家长

学员录取大学：北京大学

多年的寒窗苦读换来今天的金榜题名，作为家长的我感谢陪孩子一路走来的各科老师们，是老师们的谆谆教诲和一路托举，才使她在关键时刻厚积薄发，成就自己的梦想。

让优秀成为习惯

小学阶段，孩子就读的学校是太原市五一路小学，一所距今已有百年历史的著名小学。她自小就很优秀，从一年级到三年级，成绩都是满分。获得不少荣誉和奖项，三年级时被评为学校的“校园之星”，获得学校举办的创新杯素质竞赛的全能奖，在全国中小学生书法绘画比赛中也屡屡获奖，在太原市第八届少年儿童阅读风采大赛中获得银牌等。此外，小小年纪的她，已在全国各大报刊发表习作十几篇……她像一颗闪闪发光的星星一样，成为孩子们学习的对象和老师们心中的骄傲。

回顾这段时光，我的经验是，在孩子幼小的心灵中植入优秀的种子，让优秀成为她的习惯和标签。在她的成长过程中，我们注重对她的全面素质进行培养。五一路小学把“欣赏每一个孩子”作为办学理念，注重全面发展，作业不多，功课对她来说很轻松，我们就让她阅读了大量的儿童文学作品和易于理解的名著等。广泛的阅读不仅提高了她的写作水平，而且开阔了她的视野，使她内心丰盈。我们还给酷爱画画的她报了国画、素描等课程，乐器方面学习了长笛，在小学阶段就考到了五级。对艺术的热爱和学习提高了她的审美水平，她在和同学交流中更加自信和有魅力。

高远的目标

由于在小学阶段养成的轻松的学习态度，因此她在刚上初中的时候成绩并不是特别抢眼，在班级排十多名。幸运的是，她的班主任赵俊华老师是一位非常认真负责的老师，在她的引领下，女儿一路进步，最终在模考中获得学校前三的名次。

在这段经历中，我让她给自己定一个目标，并为了这个目标去努力。初二时，进入逆反期，孩子变得不太主动和大人沟通，开始有自己的小心思，为了玩智能手机和大人斗智斗勇。关于这个问题，我的理念是让她适当玩，但必须是在完成功课和不影响休息的前提下。因为孩子本身有目标，她的自制力也比较强，虽然玩游戏、看动漫几乎没间断过，但学习成绩还能稳步提高。

在初中阶段，她坚持着自己的爱好，并努力实现自己的目标。她的阅读方向主要是中外名著，在别的孩子忙着各种辅导班的时候，她已阅读完许多大部头的名著。她的画画水平也日益精进，长笛水平也接近十级。中考后，她如愿进入自己理想高中——山西大学附属中学。

尊重孩子的选择

孩子进入山大附中后，因在夏令营中表现突出被分到竞赛班，开始生物竞赛的学习。由于事前对生物竞赛没有了解，也没有足够的心理准备，当把十几本厚厚的大学生物教材买回家后，我自己都发愁了。要在完成高中课程的前提下去掌握这么多的内容并赢得奖项，对孩子来说真是太难了！不出我所料，孩子在竞赛班学习一个月后就提出了抗议，因为她也没想到学习强度这么大，对于她这样一个对生活各方面都要求较高的孩子来说，太残酷了。

她希望自己的高中生活仍然像初中一样丰富多彩。她喜欢动漫，偷偷加入动漫社，但是一次活动都没能参加过，竞赛生的时间太宝贵了。连参加合唱比赛都是唱完就投入学习了。她想去图书馆阅读喜欢的名著，但是时间太紧张了，只能选择课本和竞赛资料。

由于她这届的竞赛生有退出机制，她后来就和老师提出要退出竞赛，但老师们都觉得她资质不错，退出比较可惜，一直没有答应。因为心疼孩子，也因为对孩子的多方面发展有更多的期许，我们选择相信孩子，答应她退出竞赛的要求，让她用自己喜欢的方式去学习和生活。一年后，她虽获得了生物竞赛省级一等奖第十八名的好成绩，却最终选择退出竞赛，回归正常高考生的生活。在这里我感谢她的竞赛教练和后来的班主任，给了孩子无私的关爱和鼓励，不管是在之前的竞赛学习中，还是后来回归高考的学习中，他们都是孩子和我们家长终生感谢的人。

遇到“高途课堂”，助力实现梦想

进入高三后，孩子的学习进入冲刺阶段。紧张的学习，频繁的考试，使孩子的心态和学习能力遇到前所未有的挑战。

这段时间孩子的成绩在年级前几到一百多名之间跳跃，每次考试完我们都不敢多问，只是看看孩子的脸色就可以知道答案。我们对此无能为力，陷入了焦虑中，这时候，我们幸运地遇到了“高途课堂”——一家为孩子们提供优质课程的在线教育机构。孩子在节假日或课余时间尽量抽时间在高途好老师的引领下完成了一个个模块的学习。老师们几乎24小时在线答疑，有问必答，为孩子的学习提供了极大方便，也缓解了我们的焦虑情绪。在之后的模考中，孩子的成绩也有了很大的提高，最终在高考中取得好成绩，考入自己的理想大学。

在这里，我真心感谢“高途课堂”，感谢“高途课堂”的每一位用心做教育的好老师！

圆梦燕园——有志者立，有恒者成

学员家长：贾同学家长

学员录取大学：北京大学

三年的高中时光忽然停了下来，紧张的节奏也一下子慢下来了，生活平静得让人不适应。当醒目的北大红和遒劲有力的“大学堂”的通知书放在书桌上时，儿子一如往常淡淡地说了句“终于到了”，然后就去忙自己的去了。留在记忆里的是，塔图湖影，一方斜阳；凭栏长空万里，俯首一纸书香。

记不清是儿子几岁时，翻看着相册，他认识了燕园，梦中的文学殿堂，最高学府。小学时，我陪孩子第一次与燕园相遇，酷夏的燕园热浪滚滚，知了声此起彼伏，但依旧挡不住小少年在偌大的校园里一处处查看。这里是数学学院，这里是元培学院，这里是光华管理学院……

如今，圆梦燕园，回首过往，最醒目处，是一粒种子，一粒种在心里、渴望成长的种子。一路走来，初心不改，坚定前行。

三年前，儿子从志达中学毕业，追随着那些优秀的学姐学长的脚步，义无反顾地进入了山大附中。从那一天起，我们心中的目标就已经很明确，进入北京大学，圆梦燕园，相约博雅塔、未名湖。曾经有很多人劝我，上管理严格的寄宿制学校孩子会有更大的机会。我说，我们不喜欢每一分钟都被安排的生活，我们喜欢有温度、有人文关怀的教育，更喜欢在孩子成人前的最后三年里亲自陪伴孩子成长。我一直对孩子说，相对于你的成绩，我更关注你的成长！

三年来，为了这个目标，我们不敢有丝毫懈怠，因为我们知道，在高手云集的山大附中想要突出重围，努力是唯一的选择。幸运的是，在山大附中，有最好的老师、最好的同伴、最好的环境，这一切都能够让孩子静下心来，专注学习，努力向前。

回顾过往，陪伴孩子走过的每一步都历历在目，每一个脚印都清晰可见。我稍做整理，分享给家长朋友和孩子们。

父母是孩子最好的老师

父母是孩子的启蒙老师，是孩子成长的一面镜子；父母是孩子最好的榜样，父母做到了，孩子才会跟着学习。从小，他就是一个打破砂锅问到底的“十万个为什么”，我们也屡屡被折磨，但我们从来没有忽视他的哪怕再离奇古怪的问题。会的一定准确回答，不会的老老实实说不会，然后请教朋友，求助网友、百度等。总之，保护孩子的求知欲，培养他的好习惯。渐渐地，孩子明白父母不是万能的，他可以自己去探寻答案。孩子有了独立解决问题的基本能力，我们才觉得轻松了。

在好的学习习惯形成后，我们基本上不用操心他的学习自觉性了。

“取乎其上，得乎其中；取乎其中，得乎其下；取乎其下，则无所得矣。”这句话是孔子教育弟子时所说的。孔子这句话意思也正合山大附中的校训——志存高远。不论是治学目标，还是人生规划，一定要志存高远，并为之努力奋斗，才有可能登临峰顶。

孩子小学时特别痴迷哈利·波特，书读了三遍，电影刷过不下五遍，甚至里面那些拗口古怪的咒语都能脱口而出。他梦想有一天也可以去霍格沃茨，学习魔法。我们就告诉他，很多优秀的大学就像霍格沃茨，在那里可以学会很多奇异的本领，比如上天入地、下海腾空的本领。他就追问了解那些优秀的大学，然后昂起头说，我也要去。

初中阶段，我们也没有能力在学习方面教给孩子更多，但是这个时候我们也在引导孩子要有计划和目标。我和爱人从他小学就达成共识，考试是一种检测的手段，帮你发现阶段学习的效果。考试出现这样那样的问题，不要害怕，只要把问题解决掉，就可以轻松进入下一个阶段。这点是我认为很有价值的心得。所以每次考试，即便孩子发挥得再不好，我们都没有发过火，都是很平静地分析和解决问题。孩子考完之后就算不理想，也能坦然接受，在我们的督促下也会信心满满地制订计划去填补知识的空白。在这样的心态下，初中的考试给了孩子心路的磨炼。在这个过程中，孩子不仅仅收获了课本上的知识，而且学会了享受失败，也学会了奋起直追，相信自己可以通过努力把事情做好，不怕犯错误，乐于改变和尝试。

这样下来，孩子高中时期的学习已经很少需要我们引导了，他会坚持在不同时期制订一个适合自己的计划，定期根据自己的实际情况调整计划和反思自我。

尊重孩子，相信孩子

我们和孩子经常沟通，直到现在仍然保持着，我们知道自己的孩子是一个有韧性、不服输、肯坚持的孩子。山大附中是竞赛强校，孩子通过选拔进入竞赛班，一边学习竞赛知识，一边学习高考知识，非常辛苦。我们尊重孩子的选择。高一结束，由于政策的不确定性和他竞赛学习遇到了瓶颈，我们希望他全力冲刺高考。孩子不愿意，我们把从各个渠道整理的关于竞赛和高考如何抉择的资料交给孩子。两天后，孩子决定放弃竞赛，回归高考。我们选择相信孩子。

回归高考后，一次次考试，经历着种种不一样的心情。这次名次靠前，还没有把座位坐热，下一次就掉下来了。过山车式的成绩有过好几次，我们都觉得平常了。而我们可以做的，就是相信他，和他一起战斗。

心态是稳定发挥的关键

我认为孩子高考能够有较好的发挥，好的心态起着决定性的作用。对高考考生来说，心态是最大的变数，也是最难克服的困难。

孩子在高三前半段时，成绩虽算不上最拔尖的，但也是很优秀的。一次名校联考，成绩不理想，孩子有了压力。我看到孩子焦虑的样子，也没有好的办法，只能不断地鼓励他，不要因为一次考试就打乱自己的学习节奏，不要太心急。这样的状态持续了一个多月。后来孩子和学长聊天，和老师交流，才慢慢调整过来。我想和家长们说的是，一帆风顺不见得是好事，有挫折、跌个跟头也不见得是坏事。

不管是第一次考了年级第一，还是上不了光荣榜，孩子都笑眯眯的，顶多一句，这次又出了个纰漏，该打。然后写张小纸条贴在镜子上，提醒自己。直到高考前一周，还每天给我“布置作业”，今天找三道关于古诗词的高考真题，明天要五道语用、文常。我心里着急，都到什么时候了，才想起来临阵磨枪，不是应该刀枪入库吗？但转念一想，直到最后一天，都在认真发现问题，解决问题，说明心态很稳，就和日常一样，我看着很安心。

高考数学结束后，孩子很轻松，开心地聊起进入考场前，见到了学校的几位老师，大家都击掌、拥抱给他加油。我冲他一笑说，这么多老师的功力都传给你了，要考个好成绩才行。儿子点点头说，必须的。结果，数学考了150分。这个学科的正常发挥，也给了他第二天稳定发挥的底气。

坚持锻炼，强健体魄

儿子小学时入选校篮球队，每天的训练雷打不动。我多次提出让他退出，家庭会议总是寡不敌众。我提出的体育运动过多占用时间，耽误学习，也总被儿子批驳是落后理论，然后总被他各种生理科学、记忆曲线的理论洗脑。

直到高三，孩子每天回家后，健身、洗澡、听音乐基本是雷打不动的。孩子也曾经骄傲地告诉我，他是为数不多的坚持认真上体育课的学生。也许锻炼真的会占用一部分时间，但体育锻炼的确提高了孩子的体质，他从小到大，几乎没有请过病假。而且比赛和训练也增强了孩子的韧性，让孩子能坦然面对输赢和挫折，是难得的成长经历。

回想这十二年，在进入燕园的路上，培养一个好的学习习惯和积极乐观的心态真的是太重要了。任何目标，都需要一个切实可行并不断调整的计划，需要日复一日地不懈坚持，需要平和的心态。当这些形成一种习惯，美好的结局就会如约而至。

以上是我的一些分享，从一位普通妈妈的角度描述孩子这一路上的一些经历。若读者能从中有稍许启发，那我写下这些文字就值得了。

陪伴 · 选择 · 自律

学员家长：任同学家长

学员录取大学：清华大学

2021 年高考早已落下帷幕，孩子取得了优异的成绩，进入了理想学府——清华大学。作为他的家长，以家长的角度结合他从小到大的各种经历做以下总结与陈述，借此抛砖引玉，给正在陪孩子经历或即将经历高考的家长朋友们一点启迪。

幼儿时期广泛培养兴趣

品泽在幼儿时就是个活泼的孩子，兴趣广泛且学习一样喜欢一样。我们经过甄别并结合他的精力选择了其中的三项，分别是围棋、英语和画画，正是这三项兴趣为他以后的学习提供了很大的帮助。其中围棋的学习有五大好处：第一，下棋需要久坐，改掉了他惯有的好动的毛病；第二，经常输棋塑造了良好的心态；第三，黑白对弈间养成了大局意识；第四，围棋复盘锤炼了精准的记忆能力；第五，输赢在毫厘之间，能考验计算能力。英语的学习让他练就了“童子功”。高中时有一次和他探讨怎样记忆英语单词时，他说从未刻意记过，凭语感就行，而且他英语学习非常轻松。画画的学习明显提高了他的逻辑思维能力和动手能力。幼儿阶段的三门兴趣课对他的影响很深，其中围棋是上了初中后因作业压力增大才中断的，画画时断时续坚持到初二，英语坚持到中考。

小学的习惯养成为其成长奠定了坚实基础

小学阶段是习惯养成的关键阶段，尤其是三年级以前，因为在这个阶段步入了正常的知识输送环节，开始有了家庭作业，而大部分孩子在玩心的驱动下根本不会认真去完成。所幸我们亲自抓他的作业，对作业既要求数量还要求质量，采取零容忍的态度，该狠心的时候必须狠下心来坚守原则。这个阶段切忌把孩子交给家里的老人去管理，老人的隔代溺爱是最大的隐患。坚持两年以后，孩子养成了良好的学习习惯后可以逐步让老人参与管理，但自己还是要定期或不定期抽查。在这段时间，为提高写作业的速度，孩子采取了秒表计时法，强迫自己在规定时间内分步做完作业，这种做法对杜绝拖沓症起到了非常有效的作用。

初中的学校选择是至关重要的阶段

初中是整个十二年当中重要的一个阶段。彼时的太原，每年中考成绩好的无一例外是几所公参民学校以及民办学校，其原因是它们可以自行优先选择学生，而公办初中只能根据政策就近招生，故而招生数量有限的几所公参民学校以及民办学校成了这个阶段的不二选择。于是乎，为了得到这些学校的青睐，我们效仿别人通过各种渠道把经过精心设计和精美印刷的孩子简历千方百计投到这几所学校，有守株待兔式等到校长后直接上交的方式，有进不了校园只能通过门房转交的方式。功夫不负有心人，经过数天的等待后，在即将网上系统申报学校以前分别接到了知达常青藤中学、令德中学、五育中学以及太原师范学院附属中学几所知名初中的报名邀请。考虑将来高中的首选是山大附中，故而选择了和山大附中一脉相承的知达常青藤中学。

后来事实证明当初选择知达常青藤中学是非常明智的。虽然该校只是恢复初中招生以来第一届招生，但是山大附中为该校配备了有丰富经验的师资队伍，再后来，山大附中退休的老校长亲自挂帅。勤奋好学的学生，再辅以具有丰富教学经验的师资队伍，保证了该校在中考中能取得优异成绩。中考结束后，孩子发挥正常，如愿进入山大附中，开启了高中生涯。

高中的信心培养和刻苦坚持是取得好成绩的秘诀

高中三年基本上应了孩子自己说的那句话“不想高中三年年年高三”。高一年级开始，在山大附中竞赛兴趣班选拔时，他考虑今后要轻松学习而没有认真准备，导致没有通过选拔。虽然他在高一下学期感受到有大把的课余时间可以用来学习竞赛内容，但因为没有下手之处，他最终还是放弃了竞赛这条路。高中一年级非常轻松，考试成绩由入学时的第 206 名上升到前 100 名。高中二年级上半学期他仍旧很轻松，下半学期由于疫情而居家上网课。这段时间，良好的自控能力使他弯道超越了好多优秀的孩子，开学考试已经能够稳居前 50 名。而且在高二年级他提前参加高考，成绩排名也能达到全省三千多名。这种意外的收获使他重新认识了自己，把高考的目标定位在冲刺清北。由于目标较高，他明显感到压力剧增。有一次我在他的一本复习资料的扉页上看到他写的一段话：“是习惯放弃枯燥的事物而寻求娱乐，还是习惯于在枯燥中坚持下去？”可见当时他对自己的要求和自我管理，以及为实现新目标锲而不舍的努力。

进入高三以后，为了舒缓他紧张的心情（尽管他自己从没有表达过高三生活的紧张），我们和他关于学习以及生活的沟通逐渐频繁起来。有一次，和他探讨学习方法时，他也分析了自己的优势，即前期天赋和后期努力双重因素的有机结合。高三的努力为他的成绩带来了明显的提升，好几次考试考到全班第一、全校前十。但排名的不稳定也同时困扰着他，幸亏有以前的经历培养出的良好心态和自我调节、自我管理能力，否则，高三紧张的学习会打垮他。直至走出高考考场的那一刻，重担卸下后他说了一句："我再也不想重复高三的生活。"简单的一句话道出了来自他内心深处的压抑、紧张和心酸。

家庭氛围及跟读式的后勤保障是必要的催化剂

他在高考以前的所有学习和生活，都是和我们一起度过的。不可否认，一方面，这种跟读式的教育不利于孩子独立，但另一方面，又为他创造了丰富的学习和休息时间，能充分保证其学习、休息、饮食、运动均衡发展。尤其是高中阶段，为了他上下学方便，我们在山大附中附近租了房子，陪伴在孩子的身边，而不是选择住校或跑校。在家庭生活中，我们是三代人一起生活的结构，分工合作，其乐融融，尤其是周末经常五口人同乘一辆车去附近散心。在孩子十八年的成长过程中，我们没有感觉到明显的"叛逆期"，和我们这样的家庭组合有莫大的关系。

以上就是作为家长的我对这么多年来培养孩子的回顾和一点心得，有成功之处也有不尽如人意的地方，一吐为快供大家参考。

父母的陪伴和鼓励是孩子前行的动力

学员家长：尹同学家长

学员录取院校：北京大学

我是山西大学附属中学2021届毕业生尹同学的爸爸，很高兴能有这样的机会，同大家分享我的教育理念。我觉得孩子的成功不是偶然的，它取决于很多因素。最主要的是他自身的努力、不断的坚持、稳定的心理、坚强的意志。除此之外，家长的教育以及孩子的成长环境也是不可或缺的。在此，我把陪伴孩子成长过程中的酸甜苦辣和大家分享一下，希望对大家有所帮助。

习惯的培养

众所周知，“习惯形成性格，性格决定命运”。多一个好习惯，就多一分自信；多一个好习惯，就多一分成功的机会；多一个好习惯，就多一分享受生活的能力。相信很多家长都知道这个道理，但是什么时候开始培养孩子的习惯以及如何培养，不同家长可能有不同的看法和做法。就我个人而言，我认为习惯的培养应该越早越好，最好在孩子上幼儿园之前就培养出一些基本的好习惯。

因此，我们从孩子一出生就着手培养他的一些习惯。

周围认识我们的家长和老师都会有这样一种感觉，孩子好像天生就是个特别听话、懂事、乖巧、聪明的孩子。其实事实并非如此。孩子小时候，虽然对这个世界一无所知，但孩子那种希望被关注被疼爱的天性是与生俱来的，最常见的表现就是用哭闹来赢得家长的关注和疼爱。孩子一哭闹，一些家长就不知所措了，便想方设法哄。而我们的做法是，任由他去哭，等他认为哭闹不是逼迫家长就范的最有效途径时，他就不会再哭闹。这个时候我们再适时地进行引导，让他明白哪些事可以做，哪些事不可以做。也许有的家长会觉得这样对待孩子是不是有点残忍，或者说这个时候去给他讲道理他能不能听懂？其实，对于孩子习惯的培养绝对不是一蹴而就的，而是一个潜移默化的过程。即便当时他听不懂，但是家长如果能坚持不懈地给他灌输一些正确的理念，久而久之必然会对他产生积极正确的引导作用。

事实也的确如此，在他很小的时候我们就给他树立要听话、要有礼貌、要爱劳动等观念，在我们的引导下他一直做得非常好。比如，他见到长辈会主动打招呼，从不乱动别人的东西，自己喜欢的东西也愿意和其他小朋友分享，两三岁的时候就会帮我们简单收拾家里的杂物，等等。因此，从幼儿园一直到高中，他都保持特别自觉、自律、积极、上进、坚持等一系列良好的行为习惯和品质，这都得益于他三岁之前培养出的一些好习惯。

家长的陪伴

孩子的成长离不开家长的陪伴，没有家长的陪伴，孩子就会没有安全感，没有依靠。很多家长可能由于工作太忙而忽略了陪伴孩子，他们或许会认为只要自己努力工作，给孩子提供更优越的物质条件就是对孩子的爱和付出。可是事实并非如此，绝大部分孩子从内心来说还是非常渴望有父母陪伴的。当然，也有的家长会说，我每天也是只要有时间就会陪伴孩子，陪着他写作业，孩子写不完作业我也不睡觉，可是为什么孩子的学习成绩还是没有什么起色，甚至还有退步的迹象呢？这里我想要说的是“陪伴是必要的，但是要适可而止”。并非说父母寸步不离地时刻陪伴在孩子身边就是最好的，过于频繁和亲近的陪伴有时候会给孩子带来无形的压力，甚至会让他们产生逆反心理。而且每个孩子对父母陪伴的需求程度也不尽相同，因此，我们要根据自己孩子的情况来因材施教。不论怎么样，只要孩子需要我们的时候我们能及时出现就行，不需要的时候要及时回避，给他们私人空间和自由。

我家孩子从小到大基本上都是在我们的陪伴下成长的，所以他也习惯了我们一直陪伴他的这种模式。我们的时间基本上可以和孩子同步，所以可以一直都陪伴在孩子左右，包括从小学到高中毕业的每次上下学，不论是晴空万里还是刮风下雨，我们都是亲自车接车送，从不缺席，更别说开家长会或者参加学校活动之类的，我们更是准时参加，从来不会缺席。可能有的家长会说我们是不是太溺爱孩子了，是不是应放手让他自己去锻炼锻炼，否则以后自理能力差。其实我想说的是，我们对孩子不是溺爱，所做的这一切的前提都是征得孩子同意的。如果让他自己骑车上下学，一是怕路上不安全，二是怕耽误他时间。

和谐的家庭氛围

家庭是孩子的第一所学校，父母是孩子的第一任老师。一个孩子学习好不好，人品正不正，教养高不高，和家庭氛围有很大关系。如果家庭氛围不好，比如父母整天吵架，或者经常不在家，或者家长有一些不良习惯，等等，都会潜移默化地影响到孩子的心情，也势必会影响他们在学校的学习，因为他们会自然或不自然地花费一些心思去考虑家里的一些不和谐因素。因此，建议各位父母尽可能地给孩子创造温馨和睦、充满爱意的家庭氛围。爱可以融化一切。让家庭里多一分爱，孩子心里就会多一分阳光和自信。父母靠言传身教和积极向上的生活态度去感染孩子，在他们心里播撒爱的种子，才可以把孩子培养成为一个阳光、自信、快乐、向善、独立自主、积极向上、正能量满满的人。

具体来说，从孩子很小的时候，我们就比较注意在家里的言行举止，比如当着孩子的面我们基本上不吵架，即便偶尔也会控制不住因为一些事情发生争执，但是很快就能和好，不会让孩子感觉到父母一直处于冷战或者对立的状态。我自身也没有什么不良习惯，既不抽烟也不喝酒，从来不在家打牌，更不会三天两头带一些朋友来家里聚会，尽可能地给孩子创造一个安静的学习氛围，好让他心无旁骛地学习。我们对孩子的爱也体现在很多细节上，不是光口头说说的。比如，在生活上，我每天肯定会第一个醒来，叫孩子起床，然后送他上学，每天放学后，他一出校门，我和我爱人肯定会准时等在校门口（至少一个会在）；在学习上，需要写的或者整理的东西也很多，孩子的时间特别紧张，我就会帮他把一些学习笔记或者资料分门别类地整理好，方便他使用或者查找。此外，在饮食上，我们会变着花样去做孩子喜欢的饭菜，基本上保证每顿饭不重样，同时也注意营养搭配。虽然不一定做得特别好吃，但是孩子能够感觉到我的良苦用心和付出，所以他也从不挑食。

有效的沟通

家庭教育中，父母学会沟通才能拉近与孩子之间的距离。沟通的方式多种多样，有当面沟通、书信沟通、电话沟通等，不论采用哪种沟通方式，一定要保证沟通是有效的才行。很多家长也会经常主动和孩子进行沟通，比如孩子一回到家就会问孩子在学校的表现、考试的成绩等，可是好多孩子并不一定愿意和家长交流，最终就变成了家长的一厢情愿。造成这种情况的主要原因是父母没有真正站在孩子的角度考虑问题，只是站在父母的角度，单方面想去了解孩子在学校的情况，这样就会让孩子觉得父母并不是真正关心他们，有时候他们就会不想跟父母交流，甚至产生逆反心理。

我们和孩子的沟通一直比较顺畅。在孩子上小学的时候我们主动跟孩子沟通得比较多，但是从他上了初中直到上了高中后，他逐渐有了自己的想法和认知，就不一定事事告诉家长。我们的做法就是察言观色，寻求合适的时机去和他沟通。不过大多数情况下，都是等他主动跟我们沟通，由之前的父母主动转变成孩子主动。因为如果他主动和我们沟通的话，说明他是真心想交流的，这样沟通起来肯定会更顺畅。至于沟通的时间和地点，也是因人而异的，我家孩子和我一般是利用上下学的路上、吃饭或者洗澡的时候沟通的，其他时间他特别忙，我们也不去打扰他。

认可与表扬

俗话说得好："良言一句三冬暖，恶言一声暑天寒。"无论是大人还是孩子都喜欢别人的表扬和鼓励。很多家长可能会觉得，表扬孩子应该是老师来做的，家长没有必要做，有时还需要给予批评，特别是孩子学习成绩并不理想甚至调皮捣蛋的时候。其实，从某种程度上来说，家长的表扬可能更为重要，因为家长是孩子的第一任老师，家长对孩子的表扬和认可是最先可以给孩子树立自信心的。而老师对孩子的表扬相对来说是比较客观和全面的，也就是说孩子在学校各方面表现都很好，在众多同学中表现比较优秀的时候才可能得到老师的表扬。换言之，孩子在学校得到老师的表扬和认可的概率较低。而作为父母，完全可以不把孩子和其他任何人进行比较，就可以随时随地发现孩子的优点，并及时给予肯定、认可和表扬，这会让孩子信心十足、自信心满满，养成阳光自信的性格，对于他今后的学习和成长都是大有益处的。

孩子从幼儿园到高中就一直受到老师们的表扬和鼓励，当然还有我们的认可与表扬，这无形中给他增添了很多自信。在鲜花和掌声中成长，在赞扬和鼓励中锻炼，久而久之，他内心自然而然多了一种认识——自己很优秀，于是更加严格要求自己，让自己变得更加优秀，才可以证明自己是真的优秀。他的优秀已经成为一种习惯，所以他才会对自身要求很高，往更优秀的目标努力。

综上所述，孩子之所以能顺利考上北大，实现自己的梦想，

迈出走向成功的第一步，不仅仅取决于他自身坚持不懈的努力、永不放弃的拼搏和坚韧不拔的毅力，也与家庭的氛围及父母的教育有一定关系。

以上就是我在教育孩子过程中的点滴感受，但愿能对大家有所帮助。

意料之外，情理之中

学员家长：权同学家长

学员录取大学：北京大学

很多父母在孩子尚未出生时就会畅想孩子的美好未来，比如未来的舞蹈家呀，数学家呀，科学家呀……这种畅想也有一瞬间从我的脑海里划过。但是由于忙于生计，时间和精力都不允许我去奢望太多、畅想太远。

小学阶段的疏于管教

孩子出生以后多数时间由爷爷奶奶带着，起初我们住在一起，相处的机会还比较多，一早一晚还可以跟孩子亲热亲热，陪她玩耍。孩子两岁多时我的父亲脑出血住院治疗，由于母亲去世较早，照顾父亲的重任就落在独生女——我的肩上了。尽管住院治疗两个多月，父亲依旧瘫痪在床，不管是经济上还是时间上继续住院都是不现实的了，只好将父亲接回家慢慢疗养和康复。就这样近十年的时间，直到孩子小学六年级那年，父亲因病去世。所以孩子的小学阶段基本是在爷爷奶奶身边度过的，也许是因为老人溺爱孩子，也许是因为我们疏于管教，孩子养成了很多坏习惯。老师布置的家庭作业完成情况差，甚至写不完作业都是经常性的，老师给家长打电话让好好管教也是家常便饭。孩子成绩一直在中等水平晃悠，那时我整颗心都是揪着的，思考如何教育孩子。

初中阶段与孩子的磨合

直到此时，我才意识到孩子离不开家长的教导，这些年我们对孩子亏欠良多。所以孩子必须得马上接到我们身边来，并把孩子的户口从爷爷奶奶那里迁到我们这里，这是当时迫在眉睫的大事。孩子转学的对接学校是市三中，当初是想这种状况下有班级接收就很不错了，至于实验班是想也不敢想的。把孩子安顿好后，我把孩子叫到跟前看了看她，她也看了看我，眼神漠然又陌生，本打算跟她谈谈心聊聊天，看她那样看着我，我还是放弃了，打算和她熟悉一段时间，培养一下感情再说。虽说把孩子接到我们身边了，但她从小养成了散漫不爱学习的性格，对学习很抵触。我每天陪着她写作业，她一写作业就哭哭唧唧、摔摔打打的，看她那不端正的态度，我脾气也上来了，就吼几句，孩子这时候更委屈了，哭得可伤心了。母爱使然，我就开始心疼，怕把孩子逼出病来，不敢太过严厉，又担心她的学习成绩以及前途，心情无比焦虑。当初甚至做了最坏的打算：让孩子课外学习绘画和乐器，要是考不上高中就想办法走艺术特长生的道路。

经过几天的思想斗争，我决定跟孩子好好谈谈了。一天晚饭后，我抚摩着孩子的头，把她拉到跟前说："孩子，你宝贵的童年时光，父母因为现实问题没能陪你一起度过，这是父母的错。父母是真的有难处才没把你带在身边的，在这里我们跟你道歉。"孩子当时虽然什么也没说，但表情柔和了很多，态度也有所松缓。我趁势说："你看你的童年虽说父母没在身边，但相对来说过得快乐自由，没事遛遛狗，跟小伙伴们也玩得很开心，电视剧都被你看遍了。父母并没逼你像其他小朋友那样成天学这个学那个（那时条件也不允许），但你现在是初中生了，也长大了，应该担起自己相应的责任啊！学习是很辛苦，但相比生活的苦，学习轻松些，现阶段不吃学习的苦，以后就会吃一辈子生活的苦！你看妈妈都上班这些年了，还在每天坚持学习（那段时间要参加职称考试）。孩子，只要你用心，学习对于你来说不是问题。妈妈相信你！"

谈完心之后孩子沉思了一会儿，说："妈妈以后我在家不会的题可以问你吗？"我说："可以呀。我们一起学习，一起解决难题。”不管怎么说孩子有些许松动了，有学习的主动性了，每天回来后主动拿出作业自己写了，但是没有耐心，没有毅力，遇到不会的题还是会放弃去看她热衷的电视剧。此时我不能由着性子发脾气呀，先忍着，等她看了半小时电视剧后，我放下手里的工作走过去轻声细语地说：“孩子，哪道题不会了，咱俩一起看看。”还好孩子顺从地跟着我一起来解决问题，就这样维持到第一学年的第一次月考，月考成绩居然排班级十多名，这可把孩子高兴坏了，我们心里也窃喜。做父母的，其实一直都处于“实习期”，总是在过程中摸索着前进，探索出一条与孩子和谐相处的道路。我们要相信每个孩子都是一朵花，只是花期不同而已。

在老师和家长的通力配合下，孩子慢慢走上了相对自律的学习道路。尽管其中不乏压力（自己开始感到有压力了，说明孩子开始关注自己的变化了，对学习有要求了，要求进步了），偶尔有迷茫困惑的情绪，如若孩子能自己排解这些情绪，最好自己解决，排解不了我们就跟孩子谈谈心，和她一起做她喜欢的事情。孩子嘛，痛痛快快地玩一场，傻乐一通，就把不良情绪排解了。就这样孩子的成绩在稳步上升，也变得懂事了，她原有的潜力也发挥出来了，参加学校的竞赛、演讲时，都表现得很出色。孩子初一时还是班级十多名，到初三时已提升到学年第一，就这样顺利地考进了我们这里最好的重点高中。

高中阶段的辛苦陪读

正所谓人外有人，天外有天。我们揣着茫然送孩子去了人才济济的重点高中。能看出来孩子面对新环境是惴惴不安的。她问：

“我的成绩在这里的排名如何？”我告诉孩子，只要竭尽全力就好，结果不是咱们能控制的，开心地学习和生活就可以。

高中学校跟我们家不在一个城市，为了能陪伴孩子，为她做好后勤保障和精神支持，我们在学校附近租了房子。这样我就开始了单位和学校每天三个小时的通勤岁月。说心里话每天很辛苦，只是不忍心让孩子一个人待在陌生的城市，并没有奢望她未来如何。

孩子长大了，相对来说比较自律，这时就不能再絮叨她了，更多的是做好一日三餐，为她营造一个良好的学习环境，默默地陪伴着她，做负面情绪的清除剂，做一个积极乐观充满正能量的榜样。令人意想不到的是，孩子第一次月考成绩是学年第四，兴奋之余没有骄傲。一次考试说明不了任何问题。就这样孩子在不紧不慢的节奏中学习着，我们疲惫不堪还要强打精神生活着。一天天一年年，孩子的成绩出奇地稳定在学年前三，其间有过茫然，有过瓶颈期，有过懊恼，有过痛苦，有过焦虑，我们斗智斗勇地克服了。

最后，我们终于等来了收获的季节。可以说是硕果累累。虽然意料之外，但仔细品味，其实也是情理之中。希望她能带着满满的成就感与幸福感“奔赴下一场山海”，也祝愿每一对望子成龙望女成凤的父母，能得偿所愿。

圆梦“一塔湖图”

学员家长：刘同学家长
学员录取大学：北京大学

光阴似箭，孩子即将离开我们，进入大学开启全新的人生。一步步地，我们看着他成长，到现在取得阶段性的、令人欣慰的成绩似乎都是顺理成章的。离开学的日子越来越近，我也常常出神，很难想象孩子真的不在我们身边的日子会怎样……满满的不舍但又必须放手……借着这样的一个分享机会，我将在脑海中久久萦绕的回忆付诸笔端，既是分享，更是怀念。

尊重孩子，积极引导

我们一直相信，相互尊重、温暖轻松的家庭氛围能让孩子充分感受到自己的存在价值，于是我俩在他小时候就刻意淡化传统意义上的家长身份。在家中，我们允许他对我们直呼其名，或者叫“老刘”“老张”，倒是身边人常常感到很不适应。但事实上，这让他心中增添了一份深深的安全感。我们不会居高临下地命令——这样行，那样不行！而是如朋友一样平等相待他——有事好商量，充分尊重他的想法，给予他足够的自我表达空间，同时又不会由着他任性，而是循循善诱，积极引导。

记得他三四岁时，他和他妈妈去逛超市，他一下子被几个玩具车吸引得挪不动腿，甚至有不买不休的意思。但是我爱人并没有像一般家长那样大声呵斥，或是甩手走人，而是蹲下来抱着他耐心地和他讲道理——家中已有很多类似的玩具，再买就是多余了，不如咱们选一些喜爱的食品。他看到妈妈没有生气，也好像明白了一样，便欣然接受了妈妈的建议。

锻炼意志，自主学习

孩子虽然不是很擅长体育，但身体底子很不错，也不娇气。从小我就非常注重锻炼他的意志。我特意与幼儿园的老师沟通，不要求他做家庭作业——而孩子那时还非要在幼儿园写完才回家。每天幼儿园放学后，我并不急于领他回家，而是带他漫步在农大（新疆农业大学）校园，看他嬉戏玩耍，教他认识不同的树。冬天任由他打雪仗、堆雪人；他上山偏要走坎坷的小路，手脚并用，且一定要坚持爬到最高点。有一次看着天外下起雨，我临时起意，拉着他去爬雅玛里克山，全身淋透，才兴尽而归。后来，他根本就不在乎这些风吹日晒雨淋，这也让他在面对学习的困难时，虽然嘴上说着苦喊着难，却从未停下过坚实稳健的步伐。

对于他的学习，我们很少干涉。我俩在他的学业上达成共识，他在小学一、二年级养成良好的学习习惯，能够自己主动有效地进行学习，为日后学习打下坚实的基础。

“好为人师”，融会贯通

我们最得意的方法，是顺着他小时候当老师的兴趣，让他给我们讲课。起初他只是模仿老师的样子，后来他妈妈给他买了小黑板，让他真正地去实践。他也非常擅长这种方式，讲起课来，一板一眼的，从小学一年级时的期末考试前一天简单的单元梳理，到五、六年级给我们完整讲解一道道数学题，再到高三，他能够随意地翻开《人民日报》，滔滔不绝地运用各科知识，脱稿即兴讲解其中蕴含的经济、政治、文化、哲学的原理，也能够用地理、语文的眼光与思维解读内容，其间往往会谈及这段材料可以出什么样的题。每次他都能轻松讲一两个小时，而我们听起来也是兴趣盎然。

小时候他讲课，我们主要是形式上的配合，去帮助他复习，理清思路。但渐渐地，从初中开始，我俩也从他的讲解中学到很多东西，他更是会从我们日常言谈中“挑刺”，敏锐地察觉我们透过言语反映出来的思维上、逻辑上的错误。有时，我也会抱着“为难”的心态，提出一些超出考试范围又确实存在于生活中的问题，想着平常滔滔不绝的他会被问住，却没料到他竟然能够快速选用非常准确的学科原理，深入而全面地分析说明，把问题也加以精确化描述，引导我深入思考。我在惊讶之余又非常骄傲，他真正把知识学懂了，学通了，学活了！

言传身教，志存高远

我们鼓励他在生活中多多尝试。他小学三年级科学课学习了“蚕”，便也想养。我们为他在网上买来蚕卵，陪他一起采桑叶，同他一起看着蚕宝宝一点点长大，没想到真的得到了饱满雪白的蚕茧。这个经历使我这个北方人也涨了知识，开了眼界。

我和他妈妈一直相信，只有心情放松，才能更专心、更高效地学习。当然，我们也从不是因为他要得多高的分才营造这样的家庭氛围。一个温暖而充满爱的家，是我们能给他这一生最大的礼物——用他的童年温暖他的整个人生，也能因为我们对他满满的爱而成为一个有责任担当，又充满温度的对社会有用的人。

他妈妈每天都把家里收拾得井井有条、明亮整洁，周末休息时会为他烘焙各种点心。这样一来，他回家总是能卸下压力，也不会被高强度的学习弄得疲惫不堪，任何时候他都是积极乐观的、热爱生活的。看着妈妈把一切都归纳整理得那么好，孩子渐渐地也学会了有条理、有计划地做事情。从小升初、中考，一直到高考，他一直坚持着将奋斗目标贴在书桌前。成功，出自点点滴滴。看似多年前无意间埋下的种子，却在多年后长成参天大树。

看着日历，数着日子，高考前如此，现在亦然。如今想来，这么多年如一日的陪伴——每天早上床头的一杯热茶，每个周末的深夜闲聊，每次等待成绩的激动与紧张……当时那么苦，那么累，那么艰难，如今却只剩怀念。但我还是觉得很幸福，我们的努力得到了回报，孩子最终圆梦燕园。这一路走来，我随他一起成长，从 4 岁他让我戒烟起，就促使我不断地成长。我们之间的畅谈，一方面是我人生经验的分享，另一方面也是孩子引领我积极面对新时代，跟上新时代的节奏与步伐。我深爱着我的孩子，也衷心地祝福孩子走向人生更大的舞台。这就是人们常说的未来可期吧！

我助孩子上清华

学员家长：马同学家长

学员录取大学：清华大学

我是孩子的妈妈，孩子毕业于山西大学附属中学。在此很高兴能有这样的机会同大家分享他成长的点滴及我的一些教育心得，期待分享的这些经验，能够为您提供些许参考。

勇做第一

记得孩子小学三年级的时候，一天中午吃饭前，孩子突然问："你们知道张亚勤吗？"我们都笑了。他很惊讶地看着我们。我说："张亚勤学生时期就住在咱们楼的后面，我和他父母还是同事。"孩子爸爸还拉着他远观了张亚勤家的阳台。他满脸疑惑地望着我们说："你们确定这个张亚勤就是我说的张亚勤？我说的可是微软的副总裁，他是科学家！"我肯定地说，是同一人，绝对。那天，一中午孩子都不高兴，吃饭也漫不经心。问他怎么回事，他才嗫嚅着说："本来我想做咱们院儿第一个名人，现在没希望了。"

那天，我跟孩子讲了一些我所知道的张亚勤的故事，也讲了做“第一个”并没有那么重要，但勇做“第一个”却很重要。从那天开始，我内心里知道孩子做“第一个名人”没希望了，但孩子一直把另一个希望埋在心底。这个希望一直支撑孩子自觉、自律、自省到现在。

做好选择

“选择大于努力”，中考成绩出来之后，我们围绕孩子是否参加山西大学附属中学的竞赛夏令营进行了深入的调查研究。“凡事预则立，不预则废。”根据学科竞赛特点及未来的发展，结合孩子的兴趣与学科架构等情况，经过大量地走访，也通过一次次的家庭会议研讨，我们最终拒绝教练的邀请，而选择进入实验班进行高考课程的全面学习。

提高管理能力

高一年级，孩子通过竞选成为班长，充分发挥初中当班长的经验优势，制定班级各项规章制度，班级工作有序运行。他还组织同学们积极参加学校的文体活动，并取得优异成绩，受到师生的高度评价，个人的管理能力也得到了进一步的提升。后来各届班委也一直遵循他制定的班级规章制度，顺利地开展班级各项工作。

快乐学习

高三这一年，可以说是战战兢兢，如履薄冰，惊心动魄，现在回想孩子高三时期每一天的学习情景，仍历历在目。

记得2020年的高考刚刚结束，班主任就告诉他进行高考模拟，结果成绩非常好，孩子顿时信心倍增，他离清华北大的梦想好像只有一步之遥。心理学家弗洛姆在他的期望理论中曾说过，个人行为努力的程度主要与两个因素有关，一个是目标对个人的价值，另一个是个人对实现目标的把握程度。“在对的时间做对的事情”，此举激发了孩子的学习动机，孩子学习热情高涨。此后班主任更是顺势而为，提醒他可提前进入高三状态，进行刷题训练。孩子进入忘我的学习境界，学习能力得到极大提升，遥遥领先于其他同学。“快乐学习”对许多人来说是一句空话，可对他来讲，学习虽艰难，但因探究的乐趣，学习成为一件满足好奇心的趣事，乐学又促使他善学。我想这是孩子能学有所成的关键之一。

多沟通交流

高三的第一轮复习是基础知识的巩固，其在高考中占比为60%左右，也是后续的两轮复习是否顺利的关键。但时间漫长，达四个月之久，极其难熬，需要坚韧的毅力和革命的乐观主义精神。

有一段时间，孩子变得沉默寡言，情绪低沉，上晚自习时，一个人去操场，或趴课桌上。回家与我们交流也少了，笑声没了，常常一个人呆滞地坐着。等我发现异常向他询问时，他难过地哭了，哽咽地说这种情况已经有一个多月了。当时我心疼地一下子抱住他，让他慢慢地宣泄，直到他情绪缓和，然后才详细地告诉我们原因。他说，同组的其他组员都在拼命学习，互相之间很少说话，组内气氛沉闷，让人感到异常压抑，虽然他也和班里其他同学课下打闹，但机会不多，很难摆脱组内的负面能量，在学校过得很不开心。

心理学家马斯洛指出，人的一生有五个层次的需求，从低到高分别是生理需求、安全需求、交往需求、尊重需求及自我实现需求，在低级需求满足后就会出现高级的需求，而每个人在不同时间需求呈现差异性。作为学业紧张的高三学生，在追求知识的同时，还需要和同学交往，满足他的交往需求，这样他才能全身心地投入学习。在知晓孩子的情况后，我们当即征求他的意见，是否需要我们帮助。其实在此期间他已经开始尝试摆脱困境，又和我们经过两次沟通后，孩子已经找到调适不良情绪的方法，问题得到解决。他重新恢复往日的笑脸，学习的动力又回到当初，成绩也进入一轮新高潮。我很欣慰孩子又成长了一步。

不断更新学习目标

一个人能否顺利高效地完成任务，不仅要有高的智商，还要有优秀的非智力因素，即良好的个性品质。孩子从初中开始就逐步养成了勤奋刻苦、谦虚善学、认真踏实的优良品质。在高一、高二期间基础知识掌握得相对比较扎实，而且又先于其他同学开始刷高考真题，占了先机，在第一轮复习之际成绩突出，高三上学期近八成考试都是年级第一，不仅如此，在三校联考、九校联盟等重大考试中都能以高分名列第一。连续取得骄人的成绩也使他迷茫了，产生是否还要紧跟学校的复习，作业是否还要照常完成等一系列困惑。孩子此时犹如汪洋中的一叶扁舟，不知该何去何从。

目标激励理论指出，明确的目标会对人产生激励作用，能鼓舞人充满信心，积极奋进，反之则亦然。饭桌上与孩子交流时，我能深深地感受到他新的学习目标不到位时的茫然与无力，尽快建立新的学习目标成为家庭会议的议题。通过几次三番的对话，孩子认识到，一个人的格局决定了其发展的高度，应立足长远，才能实现更大的目标。曾子曰“吾日三省吾身”，全面回顾总结前一阶段学习中的经验以及出现的问题，把问题化解为一个个的任务目标，分阶段解决，目标实现的同时，问题也就迎刃而解，学习能力也就能再上一个新台阶，而且目标管理的能力也能得到提升。

保持适当的压力

高三下学期，进入第二轮复习，高考的日子也越来越近了，大多数孩子的焦虑情绪也越来越严重。为了缓解学习压力过大引起的焦虑等不良情绪，他经常周末与同学玩耍到深夜，甚至到凌晨一两点，而且用手机的时间也在不断变长，在学校与同学锻炼、玩乐的时间也增多，全然没有高考的精神状态，后果就是在接下来的考试中优势学科接连翻车。

心理学研究认为，压力与工作绩效的关系呈倒 U 形：压力太小不利于激发员工的动力，压力过大又使员工被压抑，导致不能得到高的绩效，所以保持适当的压力才能有一个好的绩效。我和他爸爸经过商量，专门找他谈话，指出他当时存在的问题以及引发的后果，孩子也意识到了事态的严重性，当即转变态度，调整状态，虽然高考成绩还是有了缺憾，不过“亡羊补牢，为时未晚”，人生的路毕竟还很长。

孩子一直有一个梦想——到未名湖去感受那里的文化气息，到燕园去领略那里的美，如今他的梦想实现了。大学是思想碰撞的地方，大学也是梦想绽放的地方，祝福我的孩子，在大学里开拓思想，自由自在地在知识的海洋里扬帆远航，成就更大的梦想！

深耕家长课堂

学员家长：曹同学家长

学员录取大学：清华大学

2021年7月，对于我们一家而言，是一个值得被记录的7月，收到了期盼已久的清华大学录取通知书，为孩子高中三年的学习圆满地画上了一个句号。回首来时路，思绪如泉涌，整理出以下片段，共勉共享，愿读到本文的你，能感受到奋进的力量和成功的喜悦！

好家风的熏陶

家风作为家庭的文化和传统，能带动和感染几代人。读书和写诗，一直是我家的传承，在我的带动和感染下，影响着三代人。中国人自古重视文人，有勉励后辈多读书的优良传统，从宋代王安石的《赠外孙》这首诗可见一斑：

南山新长凤凰雏，眉目分明画不如。

年小从他爱梨栗，长成须读五车书。

“书卷多情似故人，晨昏忧乐每相亲。”我深知读书对一个人的意义，有了孩子之后，给他买了很多书，每本书都是孩子的良师益友，是他认识世界和前行的灯塔。对比自己童年时书籍的匮乏，我很庆幸有这样的能力带着孩子自由翱翔在书籍的海洋里。小学时孩子处于阅读的爆发期，我都是一箱又一箱地给儿子买书。孩子也在我的影响和教育下，以书为伴。

我很庆幸，孩子就读的小学——武昌实验小学，有一群非常重视孩子阅读的好老师。学校里有图书馆，每个班级都有书架，书架上满满摆了几百本书并定期更换，让孩子们在最热爱读书的年龄和最有时间的阶段，得到了书籍的充分滋养。老师说，在文化课上，天性爱嬉戏的孩子们抱着书安安静静地读着，痴迷地吸吮着书籍的营养，那幅画面，令人欣慰且美好。

“腹有诗书气自华”，儿子也在诗书的熏陶下，变得懂事而又聪明，有着超出同龄人的成熟气质。他的写作水平也得到显著提升，曾荣获楚天作文大赛奖项，习作也多次在《帅作文》等报刊发表。至今想起儿子的作品《老宅》，我仍情绪激动。当时还是小学生的儿子去老宅奶奶家时，竟然收敛了顽皮嬉闹的天性，整个过程没有说多少话，没想到他脑海里有如此之多的细腻的感想并能娓娓地表达出来，这都是读书的力量。他字里行间颇具我的神韵，这也是多年来耳濡目染的结果。

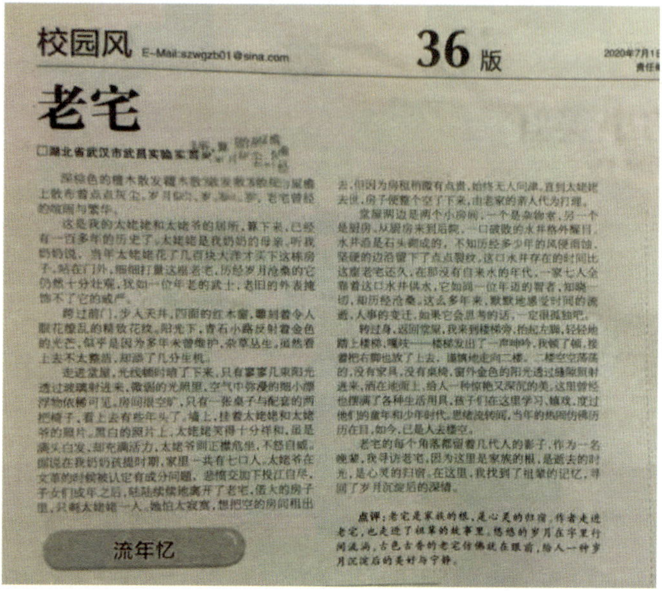

老宅

□湖北省武汉市武昌实验[illegible]

深棕色的檀木散发着木香[illegible]屋檐上散布着点点灰尘，岁月[illegible]，老宅曾经的辉煌与繁华。

这是我的太姥姥和太姥爷的居所，算下来，已经有一百多年的历史了。太姥姥是我奶奶的母亲。听我奶奶说，当年太姥姥花了几百块大洋才买下这栋房子。站在门外，细细打量这座老宅，历经岁月沧桑的它仍然十分壮观，犹如一位年老的武士，老旧的外表掩饰不了它的威严。

跨过前门，步入天井，四面的红木窗，雕刻着令人眼花缭乱的精致花纹。阳光下，青石小路反射着金色的光芒，似乎是因为多年未曾维护，杂草丛生，虽然看上去不太整洁，却添了几分生机。

走进堂屋，光线顿时暗了下来，只有寥寥几束阳光透过玻璃射进来，微弱的光照里，空气中弥漫的细小漂浮物依稀可见。房间很空旷，只有一张桌子与配套的两把椅子，看上去有些年头了。墙上，挂着太姥姥和太姥爷的照片。黑白的照片上，太姥姥笑得十分祥和，虽是满头白发，却充满活力，太姥爷则正襟危坐，不怒自威。据说在我奶奶孩提时期，家里一共有七口人。太姥爷在文革的时候被认定有成分问题，悲愤交加下投江自尽。子女们成年之后，陆陆续续地离开了老宅，偌大的房子里，只剩太姥姥一人。她怕太寂寞，想把空的房间租出去，但因为房租稍微有点贵，始终无人问津，直到太姥姥去世，房子便整个空了下来，由老家的亲人代为打理。

堂屋两边是两个小房间，一个是杂物室，另一个是厨房。从厨房来到后院，一口破败的水井格外醒目。水井沿是石头砌成的，不知历经多少年的风侵雨蚀，坚硬的边沿留下了点点裂纹。这口水井存在的时间比这座老宅还久，在那没有自来水的年代，一家七人全靠着这口水井供水。它如同一位年迈的智者，知晓一切，却历经沧桑。这么多年来，默默地感受时间的流逝，人事的变迁，如果它会思考的话，一定很孤独吧。

转过身，返回堂屋，我来到楼梯旁，抬起左脚，轻轻地踏上楼梯，嘎吱——楼梯发出了一声呻吟，我顿了顿，接着把右脚也放了上去，谨慎地走向二楼。二楼空空荡荡的，没有家具，没有桌椅，窗外金色的阳光透过缝隙照射进来，洒在地面上，给人一种惊艳又深沉的美。这里曾经也摆满了各种生活用具，孩子们在这里学习、嬉戏，度过他们的童年和少年时代。思绪流转间，当年的热闹仿佛历历在目，如今，已是人去楼空。

老宅的每个角落都留着几代人的影子，作为一名晚辈，我寻访老宅，因为这里是家族的根，是逝去的时光，是心灵的归宿。在这里，我找到了祖辈的记忆，寻回了岁月沉淀后的深情。

点评：老宅是家族的根，是心灵的归宿，作者走进老宅，也走进了祖辈的故事里，悠悠的岁月在字里行间流淌，古色古香的老宅仿佛就在眼前，给人一种岁月沉淀后的美好与宁静。

流年忆

远大目标的确立

孩子小时候对世界的认知很少，作为家长需要引导孩子确立目标，这不是简单的说教，而是要激发孩子内心对远大理想的憧憬并能为之努力，为之奋斗。当然目标也不是一开始就宏大无比的，这样会显得遥不可及，而且容易挫伤孩子的自信心。我的经验是结合孩子自身的情况，制定一个跳着脚可实现的目标，并结合孩子的成长和实际情况不断调整，让孩子一步步攀上高峰。而这一前提是家长足够了解孩子，并能随时掌握孩子的动态。这也需要家长与孩子建立良好的亲子关系，做孩子的知心朋友，孩子就愿意与父母分享自己的点点滴滴。这样也有助于家长及时发现孩子的不足，帮助孩子修正，让孩子茁壮成长。

我儿子上学早，比同班同学要小一些，学习的目标感不强，因此在低年级的时候成绩并不突出。当时，我对他的思想与行为进行了指导，为他做好规划，避免他走弯路。重要的是我非常了解自己孩子的能力，我常鼓励他：“不要害怕跻身比自己能力高的平台，只要你付出努力，就会达到平台里孩子们的水平。”孩子也没辜负我的信任，从小学五年级开始，学习成绩突飞猛进，犹如一匹黑马，多次斩获数学、英语竞赛大奖。各大著名初中都抛来了橄榄枝，他也成功通过武汉外国语学校初级中学的选拔测试，但我们经过多方考虑，最终选择了武珞路实验初级中学竞赛班。

家长也要不断学习

家长虽然只是给孩子打辅助，但是也一定要不断学习，才能跟上孩子的发展步伐。同更多优秀的家长们深入交流也使我更清晰了教育孩子的方式：孩子一定要向优秀看齐，在课堂以外进行知识的总结归纳，能提升学习效率，不要忽视这方面的助力。

家长还要不断了解各种升学政策，分析目标学校的情况，帮孩子选择适合自己的学校。小学、初中、高中的每一次选择，都需要家长的良苦用心。

“低谷”时的勉励

孩子虽然优秀，但难免有成绩的反复和遇到低谷时期，此时幼小的心灵会产生挫败感。那么家长要及时疏导孩子，和孩子共渡难关。这需要家长用心并使用巧妙方法才能真正帮到孩子，起到作用。

高三中期，有两次大考，孩子没有考好，虽然也找到了自己的弱项并采取措施，但后来的考试成绩仍不理想。高考临近，孩子的挫败感增强，一度失去信心。虽然我和孩子交流了几次，让他不要着急，但理论上的说教在考试成绩没有起色的情况下显得那么苍白，没有说服力。这时恰逢学校组织亲子活动，让家长给孩子写一封信，我及时把握住这次机会，给儿子写了一封推心置腹的信。

在给孩子的信中我写道：“几个月来，你经历的种种小波折，是上天要把钻石打磨得更为璀璨而赐予的礼物，是天将降大任与你而苦其心志的锻炼，笑纳并感恩由此带来的成长……十二年磨一剑，你的剑已锋利无比，多年的积累坚实而卓越，你的付出都将有回报，如果一时没有，那一定是在向你飞奔而来的路上，你们终将相逢……”

随后而来的四月调考，孩子成绩走上正轨；五月调考，孩子取得了年级第一，重回赛道，优秀依旧。孩子信心大增，对我鼓励他的话深信不疑，在高考前的关键时期，一直保持良好的心态和必胜的信心！

激励，融入日常的沟通之中

“男儿何不带吴钩，收取关山五十州”“以书为剑，男儿携书剑勇敢闯荡”，我常常这样鼓励儿子。儿子从小以书为伴，为理想而拼搏，成绩优异，多次获得中学生五大学科竞赛奖项，经过重重优选成功跻身北京大学和清华大学优秀中学生冬令营并获得优秀营员称号。

在高考前夕，为勉励儿子，我送上了辛弃疾的《鹧鸪天·送廓之秋试》的部分诗句：

鹏北海，凤朝阳。

又携书剑路茫茫。

明年此日青云上，

却笑人间举子忙。

他秉持信念拼搏寒窗，我承担责任深耕家长学堂，我们都毕业了……

他说清华录取通知书上有我智慧而辛勤的光芒，我是他高考作文里的人物——那个从小城走出坚定又诗情画意的姑娘。“大

鹏一日同风起，扶摇直上九万里。”孩子，清华大学只是你人生的又一个起点，精彩的人生漫长且恢宏，继续努力，把握好机会，愿人生幸福有辉煌！

教育点滴汇聚 成长未来可期

学员家长：米同学家长

学员录取大学：清华大学

小米同学，第三十七届全国物理竞赛银牌，高考682分，全省排名第三十七名，被清华大学录取。回顾这十八年的历程，似乎清晰如昨日。

孩子出生以后，尤其是0~3岁这个阶段，给孩子最好的礼物就是父母的陪伴。可以说，只要孩子醒着，我都在与她互动交流，不浪费一点时间。我还一直坚持学习科学育儿方法，并在实际中加以运用。比如给她捏脊，提高她的免疫力；触摸她的肌肤，让她感觉到妈妈的爱抚；活动她的小胳膊小腿，增加她的感官刺激；用手推她的脚丫子，做蹬车训练，增加她的腿部力量……还有好多自创的方式，既简单易操作，又加强了亲子交流。那时候，为了多陪伴孩子，我专门调整了工作岗位，只要天气状况良好，我每天都带孩子晒太阳，进行户外活动，感知世界。得益于打下坚实的身体基础，小米三年幼儿园生活中没请过一次假。

在科学喂养、亲子互动中，孩子长得十分健康可爱，各方面的成长都令人欣喜。老话说的三翻六坐、七滚八爬，她似乎都比同月龄的孩子稍早一些，而且动作协调，平衡感强。她语言表达能力也比较强。在育儿的过程中，我发现，孩子会给你惊喜，只要你教，她就能吸收，孩子的理解力、记忆力、思辨力是可以超越年龄限制的。

孩子不会坐以前，我每天对她进行感知训练，给她讲她看见的各种东西，如台灯、高楼、冰箱、亲人等，听到的各种声音，如关门声、拉窗帘声、汽车喇叭声、鞭炮声等。所以在她会说话后，让人感觉好多东西她都知道。

在她会坐以后，我经常给她讲配图识物卡片、插图故事。在她两岁的时候，我经常领她去书店。她只要去了就能待三四个小时，我讲累了，她就自己看，虽然我没教她认字、做算术，但她上幼儿园后无形中认识了好多字，能独自进行简单的阅读，简单的加减法也无师自通了。

直到现在她仍保持了良好的阅读习惯。在高三紧张的学习过程中，阅读就是她放松的一种方式。阅读带来的好处也是显而易见的。她在学习语文时毫无压力，在写作方面得心应手，在演讲辩论中思维清晰，在与人沟通中稳重得体，处理事情时的格局和情怀，都与阅读习惯的养成密不可分，算是无心插柳柳成荫。

孩子在小学阶段，基本没上过文化课补习班。临近的龙潭公园是她快乐的游乐场，好玩的天性在小学六年级之前充分得到满足。除了学校安排的课程，在义务教育阶段，她学习了钢琴、舞蹈、围棋、游泳、滑雪、溜冰等，在每个项目的学习过程中他都很认真，入门很快，成绩优秀，得到了几乎所有老师的认可。

孩子小时候，每年我都要带她出去旅游，省内省外，国内国外，只要她想去，我不问理由，都领她去。读万卷书不如行万里路，孩子的眼界格局在不断提升。孩子对吃喝穿戴不怎么关注，一直对学校的课程、对琴棋书画等各种提升自己能力的技艺更感兴趣。有三个典型的例子。一是初一时考试老被扣卷面分，后来她开始练字，初二期末家长会上班主任表扬了她的字，卷面分也不再被扣，直至高考，还经常练习书法。二是她从初三开始，到上了山大附中没停课前，成绩名列年级前茅。在竞赛和高考同时进行的情况下，这个成绩实属不易。三是孩子在全国竞赛决赛时发挥一般，成绩没有达到预期。根据以前竞赛班的经历，我预判孩子很可能接受不了最后的结果，反应会比较激烈。但孩子的反应出乎我的意料，她认为虽然有各种意外，但还是实力不如人，如果足够优秀，任何事情也阻挡不了她的光芒。

孩子是幸运的，从幼儿园、小学，再到初中、高中，都遇到她喜欢的和喜欢她的许多良师益友，如于老师、闫老师、孟老师、刘同学、白同学、张同学等。她虽然也挨过批评，也有过烦恼，但老师们都能因材施教、善意开导。每一次的批评教育，都能让她欣然接受，反省自我，提高自我，能够明显让我们感受到她的成长。和同学们在一起有欢乐有矛盾，有嬉笑有打闹，这些都陪伴她度过了倍加珍惜的学习之路。

在此，我要代表孩子真诚地感谢每一位帮助过她的良师益友，幼儿园的，小学的，初中的，高中的，课内的，课外的，短暂的，长久的，一面之缘的……

相信每个为人父母者，最初都是抱着最美好的期待，迎接孩子的到来。那么在陪伴孩子的过程中，我们的幸福一定不能只建立在孩子的成绩上。我们的幸福是陪伴她一路成长，包括身体的成长、心灵的成长、思想的成长……

如今，少女初长，依依可人。爸爸妈妈的目光会永远注视着她，默默守望；亲朋师友的祝福也会永远伴随着她，默默期待！

唯愿未来，一切安好！

全力以赴的备考征程

学员家长：张同学家长

学员录取大学：北京大学

高考是每个人、每个家庭都绕不开的难忘记忆。站在一切尘埃落定的这个节点回望，我们也曾为此“兵荒马乱”。

我家孩子的成长过程相对而言比较省心，尤其在学习方面。现在看来，我认为这一切得益于孩子小时候培养出的好习惯。他一直是个顽皮、停不下来的野小子，因此从幼儿园到小学，辅导他写作业曾是我一天中最艰巨的任务，比忙碌的工作还要让我头疼。不过也正是这样的用心，帮助他树立了正确的学习态度，帮他培养了良好的习惯，其中“今日事，今日毕”的观念和较高的学习效率为孩子此后的学习打下了基础。

当然，光有习惯是不够的。高中三年他的努力和付出，我们都看在眼里，也十分欣慰。刚上高中，有许多问题：学校与家里不远不近的距离，换了新环境后的陌生感……我们还有颇多担心，最怕孩子不适应新的学习环境。但刚一开学，他自己就提出办理住校，并展现出了超乎我们意料的适应能力。高一高二阶段除了每周回家一天，他其余时间都在学校进行有条不紊的学习。我们只能拿着他忽上忽下的成绩单，和老师简单沟通交流。每周在家的一天是他难得的休息时光，按照他自己的安排，除了完成该完成的课后作业、进行必要的复习与预习之外，大多时候都是在玩游戏、看动漫，我们并不干涉。作为家长呢，我就做一桌子他喜欢的菜，保证饮食营养均衡，饭桌上和他聊一聊新闻、时事、未来，尽量营造一个温暖的氛围。在学习这趟孤独的旅程中，他人能帮助的确实有限，我们能做的就是让他感受到我们的陪伴。

到高二年级结束，大家都明显紧张起来了。毕竟是他人生中一次重要的经历，我们不希望留有任何遗憾。孩子的班主任也很负责，提醒我们多关注孩子的状态。于是高三年级开始前的暑假，与孩子商量后，我们决定陪读一年，就在学校附近租了一套小房子。从 2020 年 7 月开始，我停下手里的工作，调整好心态，做好了打一场“硬仗”的准备。

高三一年我们一家虽忙碌，但井然有序。我每天早上 6: 00 起床准备早饭，6: 40 送他出门，接着收拾屋子、洗衣服，然后出去买菜，准备午饭，算好时间在 12: 00 左右吃午饭，午饭后喊他午休，14: 00 左右送他去学校。接下来是我一天中最空闲的一段时间了，一般我会看书，看电影或者电视剧，看看新奇有趣的菜谱，学着做点之前没吃过的花样。晚上他会在 22: 30 左右回来，我会准备些糕点零食、切好的水果作为夜宵，他吃完以后还要学习，一般是做题或是看一小时“高途课堂”的回放课程，他语文是弱项，常听“高途课堂”董老师讲的语文课，直到 24: 00 左右睡觉。期间我就在隔壁房间看书，默默地陪着。说是看书，也不够专心，留一只耳朵听着他的风吹草动，怕他累着，又怕他睡着。这就是我一天的陪读日常，说起来琐碎无聊。孩子作为主力军，每天可谓精疲力竭，身处其中的我竟也觉得有些疲累，尤其是每天要绞尽脑汁地想着为孩子补充各种营养，调换菜色。在这一年里，我的厨艺着实精进不少。陪伴、鼓励、教导孩子的过程也是认识自我、提升自我的过程。此前，我不知道多久没有静下心来认真看完一本书了。这一年专心的陪读，让我找回了一份从容，在生活琐事中，体会着生命与奋斗，也提升着自己的技能和思想，脾气也因此有所收敛。

唇齿相依也会产生磕碰，除了这些平常而温馨的时刻，我们也会爆发冲突。一年的枯燥学习，实在漫长，孩子心性再成熟成绩也会有些波动。我的性格属实易爆，在看到他耽误时光、有所懈怠或是成绩不好时难免耳提面命。孩子又正处于青春期，情绪敏感，有时一提到与成绩相关的事情，他就和炸毛的大猫一样，摸不得碰不得。好在孩子爸爸脾气好，在我俩情绪激动的时候在中间劝和，安抚双方。事后想，这样的时刻也有着奇妙的亲近感。学习和生活的压力那么多，无伤大雅地吵吵架也算是一种发泄吧！

“所谓父母子女一场，就是不断地在目送他的背影渐行渐远。”升入高中以来，孩子学业上已经很少有我能插得上手的地方了。因此，这三年中我们要做的就是陪伴他，在他迷茫四望的时候，能看得到我们的身影，让他在无尽的前路中踽踽独行的时候，心里还留有一盏灯，在他无数个过关斩将、争分夺秒的时候，想到这一份温情，哪怕只能让他不至于害怕失败，也就够了。如果能给他力量，让他在想放弃一道难题的时候，再打开计算机听一遍高“途课堂课”课程回放的知识点，寻找解题方法，就是最好的结果了。

前望人生漫漫，回看一世匆匆。高中三年后再想起此前种种，就是另一番光景、另一种心情了。也许经过一番拼搏，他依然平凡，但我们知道，他自己知道，他有一段经得起时间考验的挥洒汗水、无愧于心、不留遗憾的不平庸人生。此时此刻，恰如彼时彼刻，每一个奋斗者的身影都闪着光！

因材施教是最好的教育方式

学员家长：董同学家长

学员录取大学：北京大学

不知不觉中孩子已从牙牙学语的幼童蜕变成了英俊潇洒的大一男孩，回忆孩子这十二年的寒暑，百感交集。作为父母——孩子的第一任老师——为孩子辛苦付出，我们责无旁贷，并始终为之快乐着。关于孩子的培育，分享我的几点感悟，希望这样的分享能在您阅读这篇文章时给您一定的启发或借鉴。

培养学习习惯

从孩子上学起，我就注意培养孩子的学习习惯，因为好习惯能影响孩子的一生。我时常鼓励孩子读书，带孩子去图书馆，让他看自己喜欢的书，这能让他感受读书的氛围，慢慢养成爱阅读的好习惯。经常阅读提高了他的理解能力，对他学习起到促进作用，也为写作打下了良好的基础。

营造和谐氛围

在家庭生活中尽量给孩子营造和谐的氛围。有问题可直面问题，少些不必要的唠叨，个人觉得唠叨只是家长情绪的宣泄，对解决问题实在是没有什么帮助。同时尽量避免将孩子和他人比较，因为这只会打击孩子的自信心，给孩子带来更多压力。其实做家长的，只需要告诉孩子，只要今天的自己超越了昨天就好。这样的氛围能极大地提高孩子的学习积极性，也能促使孩子相信自己每一天都会变得更好，每一天都在进步。

多沟通交流

深入了解孩子也是一项很重要的事，家长要多和孩子沟通交流。有的家长可能会说，孩子什么都不愿和家长说，家长对此也无能为力……其实和孩子沟通也需要掌握一定的技巧，交流时少直面学习，要更多地贴近孩子的生活，比如可以问问孩子一天里开心愉快的事，让孩子把我们当成朋友，这样沟通时，孩子感觉你不是在质问他，而是在关心他。慢慢地，孩子就喜欢和你交流了，并且凡事都愿意主动和你分享。久而久之，孩子在学习和生活中的种种负担就会通过交流而减轻，学习积极性也就相应提高了，成绩随之也会稳步上升。而在沟通交流过程中家长也能慢慢地了解孩子，进而了解孩子的需求，并及时提供必要的帮助。

平常心看待高考

进入高中后，孩子课时多，学习强度大。作为父母，有时会感到茫然，不知道该怎样帮助孩子。但是作为家长，我们不能比孩子更紧张，我们要放平心态，想办法多开导孩子。我时常对我的孩子说："高考虽然很重要，但它不是你生活的全部。你只要全力以赴去对待，结果反而并不重要，重要的是过程，青春无悔的过程。"当我以平常心去看待高考时，孩子也会少些压力，就能更加心无旁骛地去"备战"。

以上这些是我在教育孩子过程中的一些体会与感悟。不同家长有不同的性格，教育孩子的方法也各不相同，因材施教才是最重要的。让我们和老师携起手来，做好孩子们的引路人，让孩子们乘风破浪、奋勇直前！

智慧家长的教育心法

学员家长：李同学家长

学员录取大学：清华大学

儿子高考顺利结束，升入理想的学校——清华大学。孩子的成功也见证了他的勤奋，唯有勤奋没有捷径，同时也肯定了父母多年的付出是值得的。我想，作为父母，对孩子的用心教育、付出未必有收获，但不付出一定没收获。很高兴有这样的机会，分享孩子教育过程中总结出来的些许心得，希望供尚处于成长路上的父母参考。

第一，学会陪伴。高中阶段就学习而言，我们懂得不一定比孩子多，那么就静静地陪伴就好。父母所做的一切孩子都会看在眼里。我们家我负责接送孩子，我爱人负责后勤保障。一周的早餐不重样，一周晚上送餐不重复，晚餐盒上面一段笑话便签……这样能够给孩子创造对他而言很舒适的学习环境。

第二，学会指引。学习本身是枯燥的，孩子在学习过程中会情绪化，甚至早恋。家长不需要大惊小怪，每学期与孩子坦诚地交流一次就足够了。家长需提前准备好同孩子交流的内容，以指出问题、解决问题为目的。如对早恋的定位是高中阶段的学伴，以不影响彼此学习为前提，以能够携手步入理想的高等学府为目标，让孩子双方都接受这样的观点，这样不至于事态被激化。

第三，学会鼓励。淡化孩子的每次考试，对孩子的优势短板做到心中有数，培养孩子综合发展的兴趣。对好的方面及时鼓励，比如“小伙，这次不错啊！”“小伙，上了光荣榜的感觉咋样？”类似这样的话语不经意间让孩子体会到获得荣誉后的喜悦，肯定结果，增强其信心。

第四，学会与老师沟通。孩子一天三分之二的时间在学校度过，孩子在学校的点滴表现，老师最清楚。家长要及时了解孩子的学习动态，与老师交流孩子在家里的表现，及时发现问题，与老师保持沟通，让孩子在家长、老师达成共识的路上前行。孩子旷课，家长第一时间站出来承认错误，写检查，让孩子知道自己这样做后果很严重。鼓励孩子与同学分享学习方法，还有孩子学习之余的综合能力锻炼和好的品质习惯的养成，等等，都离不开家长与老师的沟通。

第五，家庭和睦。家庭是孩子“两点一线”中的一个点，和睦的家庭氛围是必要的。给孩子营造一个舒适的家庭氛围，比什么都重要。为此，家长要做到：夫妻之间有分歧，在孩子放学回来前达成共识，或者孩子上学后再议；家庭的琐事，或者在孩子心目中重要的亲人身体不适，避免让孩子在高考前知道；夫妻间尽量避免吵闹；等等。

第六，学会资源对接。父母是孩子最亲的人，为了孩子一切资源的协调都值得。站在孩子的角度思考他现阶段面临的问题，和他一起思考如何更好地应对。我家孩子的语文学习一直是短板，高三时我们为他寻找语文老师进行一对一辅导，找到相对强的老师后，会先和老师交流孩子的基础情况，做好铺垫。语文辅导不需要很频繁，一月一次即可，实际上是学习方法、思维表达的训练。目的只有一个：帮助孩子更放松、更全面地应对他的学习和成长。

第七，帮助孩子设立目标和榜样。高中阶段我认为需要尽早帮孩子设立高等学府的目标，以及心中的榜样。有目标、有榜样，孩子在成长过程中便有了方向。我给孩子提出很多建议，基于我是 1995 年山西省内第一批保送东南大学的学生，后来参加工作，入职华为的经验，相信给予了他一定的方向。

第八，学会让孩子独立。孩子的学习、生活中或者家里的一些事，可以征求他的看法。比如，我们家有关他妹妹的一些学习事宜，我们会让他参与，发表观点，行之有效的建议我们会参照执行。他慢慢地也学会了自己的事情自己做，比如自主申请学习吉他课程，根据自身情况自主报课外辅导课程，等等。在亲自参与、自己拿主意的过程中，学习的动力和主观能动性增强了，还能培养坚强自信、独立自主的学习和生活态度。

以上八个观点，随笔而书，望有正向帮助，另几个负向事件我觉得家长应尽量避免。

第一，强势。很多家长认为自己懂得多，对孩子多加要求，反而让孩子找不到自己的方向，思维被打乱，更导致双方逐渐形成对立关系。

第二，责怪。孩子学习失败，家长不能横加指责。孩子需要的是安慰，以及家长能帮忙分析原因，在家长的帮助下寻求下一次崛起。

第三，攀比。让孩子向优秀的人看齐是好事，但不能借此打击孩子，否则会伤害孩子的自尊心和进取心。孩子知道如何做，尤其考入重点高中的孩子，家长做好支撑就好。

第四，唠叨。默默付出，不要一见孩子就唠叨，正常而有意义的沟通每月一次足矣。

第五，盲目。盲目地帮助孩子选择培训不可取，找到适合孩子的最好，很多时候可以交给孩子去选择。

以上是我作为陪伴孩子成长的家长的点滴心得。每个孩子性格不同，每个家庭现状不同，真心祝愿所有孩子能尽早找到适合自己成长的学习方法，付出有所收获，未来有一个好的起点。

谨记付出不一定有收获，但不付出，一定没有收获。

给孩子插上梦想的翅膀

——家长访谈

学员家长：成同学家长
学员录取大学：北京大学

采访者：您平时跟孩子怎样沟通，怎样帮他树立自信，树立成长学习方面的目标？

成同学家长：我觉得在高中的学习生涯中，要保持学习动力，还是需要一定功底的，因为孩子毕竟是孩子，学习劲头是阶段性的，但是我会和她沟通，讨论读书的原因以及重要性。我说周总理为中华之崛起而读书，你也要树立一个大目标，你为什么要读书，首先要想到为人民，为这个社会，为这个国家，做出一点自己的贡献。有了这个大的人生梦想，学习的动力就会源源不断。如果为自己而读书，随着心思的反复，劲头会时有时无。

见识、眼界有时候远比知识重要，一个拥有开阔眼界和广阔见识的孩子，往往比同龄孩子更自信，也更有目标。因此，每年不管多忙，我都会带孩子外出旅游一次。印象最深刻的一次是，

2013 年我带她到北京旅游，参观了北京大学，我们就在北京大学门口和“北京大学”四个字合照。我说也许这就是你将来的目标。后来她在学习时经常把这个照片拿出来看，不知不觉中目标已经视觉化了，她逐步把北京大学作为她真正的奋斗目标。

采访者：您帮孩子从小就树立考北京大学的目标，当时是真的想过孩子会考上北京大学吗？

成同学家长：说实话，我们当时没有这个底气。我想，孩子不管能不能考上北大，但是她一定要朝这个方向努力，我觉得这是最重要的。最后能不能考上，顺其自然就好。因为伟大的梦想才能铸就伟大的行动！

采访者：在树立目标方面您建议家长是否通过启发或鼓励的方式帮孩子树立目标？

成同学家长：是的，我觉得家长应该一直启发孩子的梦想，永远不要在孩子面前说不可能，要多跟孩子说："你是可以的，你一定能行，别人能做到的事情你也可以做到！"多鼓励孩子是非常重要的一点，孩子的自信心就是这样一步一步地被鼓励出来的。

其实我家孩子在学业上有个特点，她小学的成绩跟大部分的同学都差不太多，保持在全校十几名到二十名之间，到了初中之后，成绩就长期保持在全年级前五到前十，后来孩子考进了湖北省的重点中学——黄石二中，同学之间的竞争越来越大，她的学习劲头越发大了，进步也越来越快，成绩就越来越突出。我想这跟我对她的鼓励、坚定她的理想目标应该有很大的关系。所以对家长来说，启发与鼓励对孩子的成长很重要。

采访者：在孩子成长的过程中，哪件事情让您印象深刻呢？

成同学家长：初中的时候学校组织了一个背诵古诗词的比赛，她来问我们的意见，我们极力鼓励她参加。我发现孩子在古诗词文化的熏陶下，她说的话呀，思想呀，就有点不一样了。她报考北大而没有报考清华，就是因为她喜欢北大的文化底蕴，我想这和她当初接受了中国传统文化的熏陶有很大的关系。她当时背了将近五百首古诗词，无形中熏陶了她。现在回想起来，我感觉传统文化的熏陶还是蛮重要的，那次比赛她还获了奖。

采访者：获悉孩子考上北京大学的时候，你们第一反应是什么？

成同学家长：第一反应当然是蛮高兴的，但其实这也在我们的预料之中。为什么这样说呢？因为孩子的成绩比较稳，不仅仅是在黄石二中，包括在那些大型的考试、比赛中，比如联合鄂东南十八所重点高中的考试，名次一直保持前五。

当时熟悉我们的老师、同学，包括身边的一些亲朋好友，他们都知道孩子在学校的情况，所以考上一所理想的大学已经成为大家的期望，此时孩子的身边似乎有一个能量场。

当初孩子跟我交流的时候，她跟我说不知道这是压力还是动力，因为所有的老师都认为她能考上清北。我说你看这就是宇宙中的一种能量场，所有的老师、同学还有家长，都认为你能考上北大的时候，在无形之中就有一种能量传到你身上去了，所以你要把这个压力转化为你的助力，这是你最大的助力来源。我说你肯定能行。所以她被北大录取是预料之中的。

采访者：高中阶段，很多家长跟孩子之间会有一道难以沟通的屏障，感觉您和孩子之间并未存在这个屏障，能不能分享一下与孩子相处和沟通的方法呢？

成同学家长：首先，父母与孩子之间的相处非常重要。我家孩子是住校的，因为我们家离黄石二中有一段距离，她每星期六放假回来，会非常主动地跟我们分享学校里的一些人和事。当孩子愿意跟我们分享、跟我们谈心的时候，我们才能了解孩子的一些心理状态和想法。

其次，父母与孩子的情感连接这块儿也蛮重要。父母平常要做一些小事情去感动孩子。比如超涵她一直很喜欢吃面包，由于担心外面售卖的面包会有过多添加剂，我们不经常买。有时在家里她说："妈妈，好久没吃面包了，我突然想吃点面包。"我说："真的吗？"当时我没有直接答应她去买，孩子在房间做作业的时候，我顶着炎热的天气偷偷出去买了一个面包送到她的房间，她非常非常感动。我们做些让孩子感动的事情，孩子就跟我们更亲近，情感亲近了之后再跟她讲一些事情的话，她就听得进去。如果你跟孩子的情感没到位，沟通障碍没打破的话，你跟她讲再多的道理，她也听不进去甚至会反感。

再次，我们要成为孩子的朋友，这样她更愿意跟我们分享她的点滴。孩子说话的时候父母要认真去听，不随便插嘴，不要总指挥孩子，告诉她应该这样，应该那样。在孩子面前也要适当示弱，不能总在孩子面前表现出一副高高在上的样子。

比如说，我跟孩子说孝顺父母这个事情时，我不会跟她讲大道理，我觉得在孩子的教育方面言传不如身教，身教不如境教。我把小孩带到乡下的老房子，让她跟老房子合了影，告诉她这是你爸爸学习的地方，跟她分享一些学习的故事，包括在没有电灯的条件下看书学习，也让孩子了解家族的来龙去脉，让孩子明白我们从哪里来，将到哪里去。孩子了解了这些故事也会知道父母的不容易，一些大道理不用你教，她自然而然也会感受得到的。

最后，最重要的是父母要做好榜样。要想孩子成为什么样的人，父母首先要严于律已，做好榜样，才能启发孩子的梦想，鼓励他们进步，加上该有的理解、尊重和陪伴，无条件发自内心地去爱孩子，孩子才能梦想成真。

采访者：如果您孩子的一个想法或者说她想要做一件事情，您认为这个想法或这件事情可能会让孩子受挫，或者是不对的，那您会怎么处理呢？

成同学家长：首先，我们要学会理解孩子当时的心情。比如，孩子在高三的时候跟我反映一个问题，她有个同桌特别喜欢模仿她，她写字同桌也写字，她抬头听老师讲课，同桌也抬头听讲，动作几乎全都是模仿她的，导致她很苦恼，也很反感。当时我跟孩子说，我理解你的心情，如果是我的话我也会反感，既然你的同学现在就是这个样子，也没太好的办法，或者老师要调位子的时候，我们可以和老师打个招呼，这样就可以用委婉的方法来阻止这样的事情再发生，以免你老是为这件事苦恼。后来更换位置的时候老师果然把他们调开了。

所以家长遇到和孩子意见不同的时候，要站在她的角度来思考，理解孩子的情感，而不是一开始就批评，或讲些大道理。

采访者：您对孩子在线教育的学习方式有什么感受呢？

成同学家长：线上的课程是比较方便灵活的，随时可以回放，这个优点方便了孩子的学习，因为高中时间紧张，孩子没法跟着直播课。哪个知识点很难，孩子觉得没有完全掌握的时候，就可以有选择地听课，效率更高。

其实回想和总结起来，在激发孩子学习动力方面，我主要是采用启发梦想式教育。在孩子学习过程中我们讲得最多的一句话就是，在正确的时间做正确的事情，永远向别人学，跟自己比；在排除日常干扰方面，我们安慰孩子摆正心态，告诉她世界上只有两件事，一件是别人的事，一件是自己的事，我们要永远做好自己的事。

篇二

教育智囊篇

「 梯级不是为休息而设，它只是供人一足踏上使另一足更高而已。

——赫胥黎 」

掌握沟通方式

网络时代信息真假难辨，作为家长如何教导孩子学会辨别？

1. 父母是孩子最好的老师。作为信息时代的父母，对待接踵而至的庞杂信息，一定要保持“未知全貌，不予置评”的理念，培养媒介素养。现实中注重生活细节里的教育契机，网络上寻找具备吸引力、兴奋点的议题，引导孩子发现父母善于学习、博文广识的一面，使得生活愈加丰富多彩。

2. 帮助孩子建立信息源的概念，追寻网络信息的出处。父母要引导孩子理解所有的媒体信息，都是经过生产、加工的。信息创作者各有目的，信息传播者心思各异。因而要引导孩子学会合理质疑、综合判断，了解并非所有新闻媒体都是高质量信息的创作者、发布者，如有的媒体只求新闻能夺人眼球，有的媒体个人意见“导向性”极强，等等。

3. 引导孩子拒绝“标题党”“震惊体”类信息，拒绝低俗色情信息，鼓励孩子从正规渠道获取消息、知识；教导孩子使用网络防护技术，抵制不良信息的侵害；教导孩子使用搜索引擎功能，获取有效、高质信息。

青春期的孩子总嫌家长唠叨，作为家长怎么办？

1. 独立性增强，情绪容易两极化，这是青春期孩子典型的心理特征。青春期的孩子认为自己具备了是非曲直的观念，在个人事务上不再想一切听从父母，渴望拥有自主决定权。但当做选择时，又会产生独立意识增强与实际能力偏低的矛盾，既渴望他人理解，但又有心理“闭锁”的矛盾。他们渴望自己拥有一个“大人”的身份，追求与父母“有所不同”，但依然是孩子的他们想让父母高兴，希望父母以他们为荣，这个欲求明显是以更隐约的态度表达。

总之，青少年有一种想要长大的需求，而且不希望如同孩童阶段表达被称赞、被教养的愿望。

2. 家长要给予孩子信任，告诉孩子“我相信你没问题”“你一定行”，并通过语言、表情等向孩子传递信任的信息。

3. 让孩子体会到成功的快乐和失败的教训，无论结果好坏，都要认可孩子的能力，给予及时的鼓励。帮助孩子一起复盘、一起反思，鼓励孩子说出自己的见解，家长再补充自己的建议，这本身就传达出了“我相信”这一讯息。

4. 父母应尊重孩子的态度，倾听孩子的意见。爱是尊重孩子，把孩子看成是一个尚未长大的独立个体，了解青少年的心理特点，对孩子的冲动、不成熟、任性、偶尔脾气暴躁等特质，以开放、尊重的心态去分析“你一定有你的理由要去做……这个理由是什么呢？”。当父母以好奇、诚恳、认真倾听的态度去与孩子沟通时，他们就会乐于表达，乐于与父母进一步沟通。一旦父母传达出我“我愿意了解你”的态度，沟通就变得容易起来。

5. 多创造一些共同活动的机会。户外运动如散步、运动、徒步等，室内活动可以共读一本书、共同完成一道美食、共玩一个游戏等，借助多样化的活动增进双方的情感，创造更多的沟通机会。

6. 增强对孩子的了解。许多时候家长对孩子的了解并不全面，父母可以通过邀请孩子写关于自己的“说明书”、自我介绍信等方式，帮助家长更好地了解孩子。

对于孩子的教育问题，家长与老师的看法不一致，该如何解决？

1. 家长先不要陷入过度纠结中，先判断看法不一致的情况是否真实存在，判断一下老师的看法、做法是否打击了孩子的学习积极性。

2. 老师的言行可以有很多种解释。同样一件事，孩子与老师的出发点或许会存在差异，家长需要进一步了解老师的想法。

3. 家长也要站在孩子的角度与孩子进行平等的交流，了解孩子的真实想法。

4. 如果家长发现孩子的学习积极性并没有被打击，就不需要再找老师沟通了。如果孩子的学习积极性确实受到打击，家长要引导孩子以积极的态度理解发生在自己身上的事情，正面认识事情的发生、发展。

5. “正面”教育不是一味地“和稀泥”，而是教孩子用更宽广的视角看待发生在自己身上的事情。比如，运用换位思考原则，帮助孩子从老师的角度去理解事情。

6. 过于纠结是否要跟老师沟通是没什么必要的。我们带给孩子的教育应该是教会他适应现实社会。“既然改变不了环境，那就改变自己。”而身为父母，更应以积极正面的态度引导孩子理解现实。

当孩子不想和父母聊学校的事情时，该如何处理呢？

1. 青春期的孩子，面对父母饱含目的性的沟通总是暗含防备之心。家长若真的想和孩子进行“愉快聊天”，应当选择适合、随性的沟通场合。放学的途中，散步的路上，观看电影后都是不错的时机。

2. 家长也可以在沟通时分享自己的“糗事”，说说自己工作中遇到的奇葩事情。当孩子发现父母表现出积极的交流意愿，而非单方面地试探、窥伺时，孩子也会愿意聊聊的。这样也能给孩子起到范例的作用，不然孩子可能不清楚到底要说什么、聊什么。

3. 不要对孩子的做法直接进行否定。换位思考后，相信自己也不愿在交流时听到的都是“你这样做不好”“你这样不对”。

4. 聊天时，不要刻意向孩子灌输某些思想或理论，这样做实际上是为了监督和指导。单纯而友善的交流，才不会使孩子产生反感。

孩子课上回答问题不积极，引导也没有效果，在家却十分活跃，家长应该如何做？

1. 首先充分了解孩子在学校的表现，包括学习情况和与同学的相处情况。鼓励、引导孩子在公众场合与陌生人沟通，如旅行时让孩子去问路，购物时让孩子向导购员讲述购物需求。

2. 寻找孩子的兴趣点，找到合适的课外兴趣班，增加与同龄、有相同兴趣的孩子的沟通概率，促进孩子间的沟通交谈。

3. 正向、积极的心理暗示，教孩子想象自己自信发言的样子。树立正向、积极的心理暗示，鼓励孩子每天都想象一下自己在课堂上回答老师问题的场景，未来可以适当强化想象，比如想象在国旗下讲话、参加辩论赛的场景。

引导高效学习

碰到难题不认真思考，孩子总说自己不会，家长应该如何做？

1. 首先，家长要解决的是情绪的“难题”，而非学习的难题。题目做不出来，孩子的心里也会着急，家长应先转换、安抚孩子的焦躁心情，告诉孩子学习中有不会的题目太正常了。等孩子情绪稳定下来，再一起解决难题。同样，家长也要控制自己的情绪，不要在教导过程中失控、发火，也不要流露出“你怎么这么笨？”“这道题你居然不会？”等信息。

2. 其次，家长要引导孩子认识到，不会做的不是某一道具体的试题，而是题目背后的知识点。之所以称之为难题，是因为将多个知识点串在了一起，因而题目难度骤升，家长应引导孩子学会融会贯通。

3. 鼓励孩子积极寻找解题思路，即使说出的想法是错的，家长也要先认可孩子的想法，再帮助孩子完善解题思路，引导孩子逐步解答；培养孩子良好的做题习惯，比如读两遍题目，勾画题目的重点……

4. 鼓励孩子用他自己的思维方式解决问题。个体的思维差异是很大的，父母的思维方式并不适用孩子。不能只求让孩子听懂正确答案，在解题思路讲解完成后，一定要询问孩子是否还有其他想法。

5. 转变认知，把解决难题当成是思维拓展挑战训练。鼓励孩子找到题目的不同解决方法，培养孩子的发散性思维。

6. 最后复盘一下这道题的核心知识点和解题思路，整理到难题本上，并标注一开始解不出来的原因，便于复习和反思。

学习上能吃苦，但不重视学习方法，父母应该如何引导？

1. 首先家长要理解一个概念：元认知能力。元认知的本意是关于认知的认知，包括认知操作的各个方面，以及个体对自己的认知操作进行监视、控制和调节。这可以帮助孩子提升反思自己学习过程的能力。父母可以帮助孩子从元认知的角度，反思学习过程，从而寻找到适合自己的学习方法。

2. 肯定孩子的努力，认可孩子的付出。家长不要以挑剔的目光去批判孩子在学习时的“笨方法”，肯定孩子每天努力完成作业的正确性。

3. 运用数据思维，从题型、知识点、犯错类型等维度分析某一科目或某几科目近几次考试，并形成可视化统计表，通过图表分析自己的错误数据，从而找到接下来一段时间的主攻点。

4. 协助孩子建立错题本，分门别类地进行错题整理，助其反思。

5. 购置一个“错题打印机”，可以让孩子的错题整理更高效。这种错题打印机，只用手机拍照就可以快速打印出错误题目，而且可以随便贴。这样就可以节省抄题的时间，可以按照类别自己编排整理错题集。通过对错题的归类也可以达到反思学习的效果。

手机拍照搜题功能在孩子完成作业时经常被使用，父母应如何做？

1. 认同孩子主动寻找资源解决问题的意识，引导孩子更高效地使用智能学习工具。

2. 让孩子把外部获取的题目答案，内化成可吸收的自己的成果，例如让孩子给父母讲题，若是讲解清楚了那么父母给予适度的夸赞与鼓励，若没有吸收为自己的成果而没讲解清楚，就帮助孩子一起记忆，请孩子下次一定要理解并记忆。

3. 鼓励孩子寻求其他解决问题的方法，引导孩子从多维度思考同一问题，建立发散性思维。当孩子通过自己的努力解答出来后，父母不要吝啬夸奖和肯定。当然，父母也可以提供自己的解决方法。

4. 引导孩子认识到，遇到问题自己是能够解决的，不必着急去手机上找答案。

5. 可以和孩子讨论如何更好地利用手机和网上的资料。比如，如何判断哪些答案是高质量的？哪些渠道可以获得更专业的解决方法？去手机上找答案的好处和弊端是什么？如何避免弊端？

6. 引导孩子整理、总结经常遇见的问题，并针对问题背后的知识体系和基础知识提供相应的解决方案。

关注心理健康

孩子不够自律，沉迷电子设备，怎么办？

1. 以身作则。在孩子面前时，尽量不要长时间玩手机。如果家长都不能控制好自己玩手机的时间，又怎么能奢望孩子不沉迷电子设备呢？

2. 制定规则。在日常生活中寻找一个比较容易切入的点立规矩，从而让孩子树立规则意识。比如洗完手才可以吃饭；写完作业才可以出去玩；玩儿完玩具收拾了，下次才能继续玩儿等。

3. 充实孩子的内心。多陪伴孩子，真正地关心孩子。比如多和孩子进行交谈，和孩子一起做游戏，一起出去游玩，一起运动，等等，都是很不错的方式。

4. 关注孩子的长处。积极鼓励孩子，帮孩子建立现实生活中的成就感。

5. 积极引导。不要一味地指责孩子玩电子产品，不问清楚情况直接责怪孩子，甚至试图通过讲大道理改变孩子的行为，这些都会适得其反。要具体情况具体分析，如果孩子用电子产品进行学习，可以给出建议时间。每周也可以适当放给孩子 1 小时左右的时间使用电子产品。电子产品本身没有错，注意控制用途及时间就可以了。

孩子一遇到挫折就想放弃，怎么办？

1. 不逼迫孩子。如果孩子遇到某种挫折想执意放弃，那么孩子一定是积攒了一定的时间和情绪，这时候孩子更需要你的理解，试着转移孩子的注意力。平复这种极端的情绪。等孩子的情绪恢复一段时间再针对这件事情与孩子进行沟通。

2. 和孩子产生共情，是与孩子达成和谐沟通最完美的方式，试着理解孩子，一个被理解和情绪被包容的孩子，他能很真切地通过言语感觉到家长的爱，自然会慢慢地冷静下来说出自己的感受。

3. 多理解和支持，少批评和指责，激发孩子改变自我的认知。若发现孩子经常出现“我不行”的感觉，我们需要反思，是不是平时对孩子要求过于严苛，挑剔过多，导致孩子形成了错误的自我认知，做事自信心不足。要改变孩子的认知，仅仅对孩子说“你真棒！”“你能行！”等类似的话是不够的，还需要我们用心观察孩子取得的每一个小进步，发现孩子做得好的地方，并真诚地告诉孩子，让孩子逐渐恢复自信，改变原来错误的自我认知。

4. 以身示范，模仿是一个孩子学习的最主要的方式。家长可以给孩子做一个示范，模拟这样一个过程：一件原本手到擒来的事情，先表现出感觉很困难、很犹豫，然后坚定地把这个问题解决。这个过程会让孩子看到，原来父母在遇到困难的时候，也会很沮丧、很着急，也会想放弃，但是后来他们又想了一些办法，把这个问题解决了。这样，孩子再面对困难的时候，就会学着父母做出同样的尝试。

5. 肯定孩子的努力，注重对过程的肯定，而不是结果的肯定。这点很重要，如果一个孩子很在乎自己做得怎么样、很害怕自己做不好，可能是我们太注重于结果了。一旦孩子发现结果没达到预期，他就开始自我否定、开始逃避、不愿意去面对。所以，我们要多肯定孩子做出的努力和尝试。如果孩子某件事情没有做好，我们可以对孩子说："虽然这件事情的结果跟你的预期还有一些差距，但是我看到了你在这个过程中的认真和努力，只要你愿意继续认真和努力地做，你就一定会做得越来越好。"

6. 降低心理预期，缓解孩子精神压力。不过多地给孩子定标准。让孩子从主观意愿上主动接受这件事情。

7. 帮助孩子拆解目标，当孩子没有头绪的时候，启发式地对孩子进行提问，让孩子说出自己的困难，根据孩子提出的困难，和孩子一起想解决方案。

面对中 / 高考，家长该怎么办?

1. 切勿过分关注，没有关注就是最好的关注。这个时间段，孩子本身已经有了压力，若父母再过分关注，做一些“反常”的行为。只会徒增孩子的紧张。因此在中 / 高考前，父母像往常一样就好。

2. 相信孩子。相信孩子的复习方法，相信孩子的老师，相信学校。经过多年的学习，孩子已经有了属于自己的复习节奏，不干预孩子的复习节奏。

3. 积极和孩子沟通。沟通过程中不过分提到中 / 高考。可以谈论社会热点，身边趣事，帮助孩子转移注意力，缓解其考试压力。

4. 关注孩子考试信息，做到心中有数。当孩子需要的时候，第一时间给出有效信息，如考场信息、考试时间等。

5. 父母不要产生焦虑心理，不要由于自己的焦虑，反复叮嘱孩子各种事情。孩子的好状态，不是嘱咐来的，这种“唠叨”很容易影响孩子情绪。

6. 考试结束后，带孩子放松一下，该吃饭吃饭，该休息休息。

孩子考得差认为自己很差劲，考得好认为是运气，父母应该如何引导？

1. 当孩子考得差认为是自己差劲，考得好是运气时，父母不要着急反驳，不要急于表达自己的想法，要鼓励孩子把自己的想法表达出来。

2. 孩子觉得自己差劲，也未必完全是坏事，关键是他要相信自己能提升。因而父母可以引导孩子分析自己可提升的点在哪里，应该怎样提升，并举一些名人事例、自己的经历来论证。

3. 当发现孩子正在努力时，家长应针对孩子具体的努力行为给予鼓励，而不是泛泛而谈。这种方式会大大提升孩子的自信心。

4. 引导孩子认识到，是自己的努力带来了运气。考试后和孩子一起做一次复盘、反思，做出具体的成绩变化趋势图和多维度成绩分析图，分析具体数据对孩子的影响，让他更清晰地看到自己的未来应努力的点在哪里，客观地看到自己的成绩变化趋势。

成绩不满意就会崩溃，如何引导过度注重分数的孩子？

1. 引导孩子正确地看待分数，告诉孩子成绩并不是评判一个人优秀的标准，寻找孩子身上的闪光点。

2. 当孩子因为成绩下降而低落、沮丧甚至崩溃时，宽泛的安慰话语不用说，因为孩子根本接收不到。父母可以第一时间梳理孩子的情绪，以理解、包容的态度告诉他，这只是孩子对自己的要求太高，不要因此否定自己。

3. 孩子情绪平复之后，家长可以和孩子从知识掌握、身心调整、时间管理等方面分析考试不利的原因，引导孩子理性分析考试过程，总结经验。

4. 引导孩子学会和自己对话，在自我对话中促进孩子思考未来面对同类问题如何做，帮助孩子成为一个积极的问题解决者。比如，时间管理方面怎样做？下次考试时应注意什么？如何避免失利的再次发生？还有什么新办法可用？

注重素质成长

孩子厌学，没有学习兴趣，怎么办？

1. 引导孩子形成“自驱闭环”。引导其在学习中找到属于自己的乐趣，从而取得一定的成就感，进而形成一个良性循环达到“自驱闭环”。

2. “自驱闭环”的第一步是感知孩子的兴趣。在这个过程中，我们要信任孩子，肯定孩子的兴趣。没有一个孩子是没有学习意愿的，从牙牙学语到蹒跚学步无一不印证了孩子的学习意愿。人是有意识、有思维、有学习能力的高级物种，孩子天生就充满了求知欲。我们要做到信任孩子的学习意识，不通过给孩子施压、威胁抑或是讨好等外在手段，去推动孩子学习，在这个阶段我们能做的也是唯一需要做的就是把我们能带给孩子的带给孩子，当孩子需要帮助或指导的时候，无条件地帮助孩子。

3. 给予孩子信任。苏霍林姆斯基在《要相信孩子》一书中提到“教育技巧的全部诀窍就在于抓住儿童的这种上进心，这种道德上的自勉”。每一个孩子在最初、最自然的状态下都是上进的，信任孩子，放手把学习的权力和责任还到孩子手中，让孩子明白学习是属于他自己的事情，是属于他自己的事业，他需要对此负责。适当放权，孩子会做得更好。

4. 培养孩子的好奇心。好奇心是兴趣的起源，是创造力的开始，认真回答孩子的每一个问题，我们要鼓励孩子问“为什么”，并且认真对待孩子的“为什么”。在求知的道路上，孩子最开心的事情就是提问，而且最好是能够把大人问倒。“为什么”成就了很多伟人，日常多引导孩子进行主动思考的习惯，和孩子一起读一读相关科学家的绘本或者人物传记，让孩子们在书中看到好奇心是如何一步步成为现实的。

5. 鼓励孩子提问题，在乎孩子的提问，孩子的提问就能得到发展。诺贝尔物理学奖获得者李政道博士谈到自己的求学格言时提到“求学问，需学‘问’，只学‘答’，非学问”。当孩子们问为什么的时候，我们可以这样说：“你真是一个善于思考的孩子。”然后给予耐心解答，如遇不懂的问题，就如实告知和孩子一起学习，找出问题的答案。问问题和爱思考是特别重要的学习能力之一。能提出问题的人往往也是一个爱学习的人，父母要重视孩子的提问，提出一个问题有时候比解决一个问题更重要，孩子提问是在寻求问题的答案，在这个过程中孩子的创造性也会不知不觉地迸发出来。

6. 不改变孩子的兴趣点，不能把自己的梦想和自己的愿望强加给孩子。在某种程度上孩子是一个独立的个体。通过不断的探索，他们会发现属于自己的兴趣点，我们要尊重孩子的优势和天赋。多观察孩子日常的一些具体行为，喜欢唱歌的孩子，就给她大声歌唱的机会；喜欢星星月亮的孩子，就经常带他去天文馆；喜欢手工的孩子，可以陪他一起堆积木……相比机械记忆的间接经验，直接经验更容易被孩子掌握。

7. 重视孩子的职业启蒙，抓住职业启蒙黄金期。据英国的一项心理学研究报告显示：6 至 15 岁是孩子的职业启蒙黄金期。不难回想，孩童时期大家都有梦想，而孩童时期的梦想都是和职业相关的，比如：长大后要成为一名医生、科学家、教师、宇航员……职业启蒙也可以帮助孩子在相关领域内建立兴趣，开始最初的探索。具体的做法，我们可以带着孩子去了解日常生活中的职业。通过对这些职业的观察和了解，孩子对自己的梦想有一个具体的了解，进而启发孩子对职业进行思考。观察过真实的职业生活，保持对所选职业的好奇心，才会让一个孩子开始真正学习。

8. 寓教于乐，增加学习方式的多样性。人天生也是具有惰性的，不可避免，游戏是孩子最大的乐趣之一。让学习充满游戏的趣味性，是衡量一个好老师的标准之一，父母是孩子的第一位老师，亦当首当其冲。把枯燥的学习用游戏的方式呈现，让孩子在学习的过程中充分享受到快乐。比如，学数学计算的时候，可以将其设置成游戏通关；学习英语口语的时候可以陪孩子一起进行场景式练习等。同时我们还可以鼓励孩子参与游戏的设计，提升孩子的主观能动性。主观能动性即内驱力。

9. 激发孩子的内驱力，帮助孩子树立自己的目标。树立目标的同时，要注意以下几点：第一，目标一定要合适，什么是合适呢？简而言之就是孩子踮踮脚可以达到的目标。这样的目标不仅可以培养孩子的挑战意识，同时也会让孩子获得持续的成就感，当他付出一定的努力之后看得到自己的收获，进而产生一个良性循环。第二，帮助孩子进行目标拆解，帮助孩子把一个大目标拆解成若干个可执行的小目标，让孩子对学习有一个清晰的认知，不至于产生恐惧。第三，学会在孩子完成目标的路上鼓励孩子，不要过分给孩子强调结果，给孩子过多的压力，可以鼓励孩子的努力、好的行为习惯、勇气，培养孩子更好的行为习惯和内在的力量。

想锻炼孩子的规划能力，该如何引导？

1. 确认锻炼途径。让孩子规划家庭旅行就是一个非常不错的途径。不要小看小小的家庭旅行，一次愉悦的难忘的家庭旅行离不开一份全面细致的旅行规划。家庭旅行大概可以分为以下几个板块：一是确认需求；二是确定目的地；三是制定行程规划；四是订票订酒店；五是采购物品；六是收拾行李；七是应急处理。由此可知，规划家庭旅行和进行项目管理是一样的，一系列操作下来，如果孩子能把控好这些就可以称得上是一个“项目经理”了，如此一来，还担心他会学不到东西吗？

2. 循序渐进。想让孩子成长为一名合格的“项目经理”就不能操之过急。一开始可以让孩子负责家庭旅行的一两个板块。等孩子把这一两个板块做好了，再慢慢地加内容。最开始旅行时间不宜过长，可以控制在两天左右，再慢慢地延长旅行时间。因为时间越长的旅行所涉及的因素就越多，孩子一开始接触这件事情考虑问题可能不是特别全面，涉及的因素越多，越容易出现更多的问题，容易引发孩子的挫败感及厌倦心理。等孩子把短时间旅行的一两个板块的事情完成后，再慢慢让孩子承担更多的板块。

3. 给予孩子足够的空间。当家长提出让孩子负责某个板块的时候，就需要给予孩子足够的信任。如果确定了让孩子负责某个板块，又对孩子进行不断的干预，孩子会觉得自己不被尊重，会一定程度上打击孩子的积极性。如果不放心孩子的规划，可以在出发前，让孩子阐述自己的规划，如有不当的地方，及时给出合理化建议，出发后积极配合孩子的安排。

4. 不施加过多压力。不在旅行中故意给孩子制造“麻烦”，如父母消失不见，故意让孩子独自面对陌生人等，这些行为对于年龄较小、旅行经验不足的孩子来说，无疑会使他们更加缺乏安全感。若想进一步锻炼孩子处理应急问题的能力可等孩子年龄稍长一些，旅行经验稍微丰富一些，再适度添加。

5. 给予孩子及时的正向反馈。当孩子在旅途中，某些事情做得比较好的时候，不要吝啬对孩子的肯定。

6. 及时复盘。复盘的过程就是发现问题、解决问题的一个过程。旅行结束，全家人可以坐在一起回顾一下此次旅行需要改进的地方，为下次旅行积累经验。

想要培养孩子的创造性思维，怎么办？

1. 保护孩子的好奇心并持续不断地激发孩子的求知欲。认真对待孩子的每一个问题，同时鼓励孩子提问。

2. 为孩子提供宽松的心理环境，解除孩子对答错问题的恐惧心理，当孩子答错问题时不责怪孩子。

3. 鼓励孩子的独立性和创新精神，当孩子独立去做一些事情且并未向你寻求帮助的时候，请不要打扰他。尊重孩子的创造性。

4. 尝试温和地对孩子提出问题，培养孩子的发散性思维。比如你解答完孩子的问题后，可以反向问孩子类似相关的问题。

5. 尝试益智类游戏。如桌游、乐高等，激发孩子的创造性，突破局限，创造出属于自己的玩法和规则。

篇三

专业就业篇

「 闻道有先后，术业有专攻。
——韩愈 」

一、理学热门专业

数学与应用数学

【专业介绍】

本专业主要应用数学科学的基本理论、知识与方法，借助计算机等技术解决经济、社会、人文等实际问题。本专业旨在初步培养学生在基础数学或应用数学某个方向可以从事当代学术前沿问题研究的能力，成为能在科技、教育和经济等部门从事研究、教学工作的高级专门人才。

学制、学位：4 年，学生毕业考试成绩合格后授予理学学士学位。

主干学科：数学。

主干课程：泛函分析、拓扑学、偏微分方程、离散数学、运筹学、数学建模、微分几何等。

【高校推荐】

北京大学，北京师范大学，清华大学，吉林大学，南开大学，复旦大学，上海交通大学，首都师范大学，山东大学，厦门大学。

【行业前景】

本专业属于基础型专业，是从事其他相关专业的基础，就业面广，与很多专业尤其是计算机科学与技术专业联系非常紧密。毕业生可从事的职业有：软件工程师（IT 行业）、数据分析员、精算师（证券分析、金融行业、保险）、数学老师（教育行业）、银行职员、会计、公务员（科研院等事业单位）等。

信息与计算科学

【专业介绍】

本专业主要研究科学与工程计算中的基础理论，主要解决科学与工程领域中的重大计算问题，旨在培养学生对计算方法的理论分析、算法构造及编程实现的能力。本专业对学生的计算数学理论、数值分析、算法编程和信息数据处理都有要求，要求学生具有宽厚的数学基础、较强的综合计算和数学应用的能力，并具备在信息科学与计算科学领域从事科学研究、解决实际问题及设计开发有关软件的能力。

学制、学位：4年，学生毕业考试成绩合格后授予理学学士学位。

主干学科：数学、计算机科学与技术。

主干课程：数学基础课（分析、代数、几何）、概率统计、数学模型、物理学、计算机基础（计算概论、算法与数据结构、软件系统基础）、信息科学基础、理论计算机科学基础、数值计算方法、计算机图形学、运筹与优化等。

【高校推荐】

复旦大学，南开大学，吉林大学，大连理工大学，电子科技大学，西安电子科技大学，山东大学，浙江大学，西安交通大学，西北工业大学。

【行业前景】

本专业毕业生的择业方向包括大数据、计算机图形学以及科学计算等。毕业生可以选择从事与算法相关的 IT 行业，也可以选择在银行、保险或证券等金融行业从事计算分析、信息处理等工作。

心理学

【专业介绍】

心理学主要通过科学地描述人的心理现象的实质和起源，掌握心理现象的规律，以根据社会实践的需要去预测和控制心理现象。本专业需要学生运用逻辑严谨的思维方式和量化的方法，学习理论的表达、模型的构建、数据的分析，以及内部心理过程的仿真、外在行为表现的反应等内容，旨在培养学生进行心理学实验和心理测量的基本能力。

学制、学位：4 年，学生毕业考试成绩合格后授予理学学士学位。

主干学科：心理学、生物学、计算机科学与技术。

主干课程：普通心理学、实验心理学、心理统计、生理心理学、认知心理学、发展心理学、认知科学等。

【高校推荐】

北京师范大学，北京大学，西南大学。

【行业前景】

心理学研究生深受用人单位的欢迎，本专业的毕业生可在智能化产品生产企业、教育机构、研究机构等从事产品可用性、界面评价、用户体验，以及人力资源管理、管理咨询、心理咨询等相关研究和实践的工作，也可以从事儿童教育和教育心理学等相关的教学和实践工作。

统计学

【专业介绍】

本专业通过数据统计技术、统计分析软件技术等，分析观察对象的特征，发现事物的规律，并进行预测、监督，以实现事务的良性运行，要求学生掌握统计学的基本理论、基本知识、基本方法和计算机操作技能，具有采集数据、设计调查问卷和处理调查数据的基本能力。本专业旨在培养在数理统计、工业统计、生物医学统计、经济金融统计、大数据统计分析等各领域出类拔萃的统计学专业人才。

学制、学位：4年，学生毕业考试成绩合格后授予理学学士学位。

主干学科：数学、统计学、经济学、管理学。

主干课程：数学基础课（分析、代数、几何）、概率论、数理统计、运筹学、计算机基础、应用随机过程、实用回归分析、时间序列分析、多元统计分析、抽样调查、参数统计、统计预测与决策、风险管理等。

【高校推荐】

中国人民大学，南开大学，华东师范大学，上海财经大学，北京大学。

【行业前景】

统计学专业是理科中最受欢迎的专业之一，最吸引学生的原因是，就业面广、选择多样。毕业生可以选择到金融证券、保险、银行、海关、行政机关、企业、科研机构等单位就业，从事统计调查咨询、数据分析、决策支持和信息管理等工作。

海洋科学

【专业介绍】

本专业主要利用物理、化学技术，研究海洋的自然现象、性质及其变化规律，以及海洋资源的开发和利用。海洋科学是一门综合性交叉学科，包括海水物理过程、海洋卫星观测、海洋中的生物与生命过程等。本专业要求学生掌握海洋科学基本调查方法和实验技能，旨在培养具有从事海洋调查和海洋科学研究能力的人才。

学制、学位：4年，学生毕业考试成绩合格后授予理学学士学位。

主干学科：海洋学、化学、生物学、地质学。

主干课程：高等数学、大学物理及实验、大学化学及实验、海洋科学导论、生物海洋学、海洋地质学、海洋调查与观测技术（含出海实习）等。

【高校推荐】

厦门大学，中国海洋大学。

【行业前景】

海洋科学专业的毕业生就业面广，可以就业于地质、矿产、石油、生态环境、食品、水利、渔业养殖等行业，如国家自然资源部（海洋、国土、环保）、农业部、环保局、国土局、水利局、气象局、海军、海关、专利局、矿产企业和国家海洋石油企业等企事业单位。

地理信息科学

【专业介绍】

本专业是一门集地理学、计算机、遥感技术和地图学于一体的新型学科，主要研究各种自然地理要素和所有人类社会活动的空间分布规律、时间演变过程及区域特征，助力人类应对气候变化、文化遗产、能源经济、自然灾害、公共安全等领域的挑战。此专业要求学生掌握信息化的空间数据处理技能和数据挖掘分析方法，结合各领域分析模型从时空角度解决问题。

学制、学位：4年，学生毕业考试成绩合格后授予理学学士学位。

主干学科：地理学、地图学、计算机科学与技术、地理信息系统基础。

主干课程：自然地理学、人文地理学、经济地理学、地图学、遥感技术、数据库技术、地理信息系统原理、测量学、地理信息系统设计与应用、空间数据结构、数据库、程序语言相关学科等。

【高校推荐】

北京师范大学，武汉大学，南京师范大学，华东师范大学。

【行业前景】

地理信息科学专业的就业率很高。往年地理信息科学专业的毕业生就业主要在自然资源、规划、交通、城市管理、水利、灾害防治、海洋、旅游、经济和信息化委员会等政府部门。随着地理信息产业的发展，越来越多的互联网企业也对本专业的毕业生有需求。本专业的师资需求缺口也非常大。

二、工学热门专业

船舶与海洋工程

【专业介绍】

本专业主要以物理、数学、力学、船舶及海洋工程原理的基本理论和基本知识为基础，应用计算机研究船舶与海洋工程结构物。本专业旨在培养具备现代船舶与海洋工程设计研究能力、计算机编程及应用能力的高级工程技术人才。

学制、学位：4 年，学生毕业考试成绩合格后授予工学学士学位。

主干学科：理论力学、材料力学、流体力学、结构力学、船舶与海洋工程原理。

主干课程：船舶原理、船舶与海洋工程流体力学、船舶与海洋工程结构力学、船体制造工艺、电工电子技术等。

【高校推荐】

哈尔滨工程大学，上海交通大学。

【行业前景】

学生毕业后可到船舶与海洋工程相关部门，行业管理、研究、咨询、设计、制造、质检等单位工作。

车辆工程

【专业介绍】

本专业主要以数学、力学、计算机、汽车设计为基础，研究车辆的车身设计、制造技术，以及与现代电子技术的融合应用。本专业旨在培养该领域内集汽车零部件设计、制造、营销管理等于一身的综合性人才。现在以节能环保为主题的汽车设计理念为该专业提供了新的发展空间。

学制、学位：4年，学生毕业考试成绩合格后授予工学学士学位。

主干学科：机械学、设计工程学、机车车辆工程学。

主干课程：机械制图、机械原理、电工设计、汽车构造、汽车设计、现代汽车技术等。

【高校推荐】

北京大学，哈尔滨工业大学，同济大学，北京理工大学，吉林大学。

【行业前景】

本专业的毕业生可以从事汽车设计开发、研究制造、汽车销售、汽车管理等工作。

材料科学与工程

【专业介绍】

本专业主要学习掌握材料的制备、组成、组织结构与性能之间关系的基本规律，材料有金属材料、无机非金属材料、高分子材料、复合材料以及各种先进材料等。本专业要求学生掌握制备、性能分析与检测的基本能力。本专业旨在培养具备制备工艺设计、提高材料的性能和产品的质量、开发研究新材料和新工艺能力的工程技术人才。

学制、学位：4年，学生毕业考试成绩合格后授予工学学士学位。

主干学科：材料科学与工程、材料物理与化学、材料学。

主干课程：物理、化学、量子与统计力学、固体物理、材料学概论、材料科学基础、材料物理、材料化学、材料力学、材料科学研究方法、材料工艺与设备、计算机在材料科学中的应用等。

【高校推荐】

北京大学，上海交通大学，北京科技大学，天津大学，北京航空航天大学。

【行业前景】

本专业的毕业生可以从事相关领域内材料的制备加工、设备设计、技术改造、质量检测、销售等工作。研发一些新型材料的高科技企业也是不错的选择。

能源与动力工程

【专业介绍】

本专业主要涵盖传统能源的利用，如水、煤、石油等；新能源的开发，如核能、风能、生物能、氢能等；还有研究如何高效利用能源。动力工程方面主要包括内燃机、锅炉、航空发动机、制冷等技术的研究。本专业要求学生主要掌握动力工程及工程热物理的基础理论，各种能量转换及有效利用的理论和技术。

学制、学位：4 年，学生毕业考试成绩合格后授予工学学士学位。

主干学科：动力工程与工程热物理、机械工程、流体力学。

主干课程：工程力学、机械设计基础、机械制图、电工与电子技术、工程热力学、流体力学、传热学、控制理论、测试技术等。

【高校推荐】

清华大学，西安交通大学，华北电力大学，哈尔滨工业大学。

【行业前景】

本专业的毕业生能从事节能类工作，如制冷、空调工程设计，以及其他与能源和动力工程相关方面的研究、教学、开发、制造、安装、检修、策划、管理和营销等工作。

电气工程及其自动化

【专业介绍】

发电厂产生电能，电能又在变电站及换流站中变换，之后在电力网中传输到用户侧。电能的使用与控制等都是本专业的研究对象，涉及电力电子技术、计算机技术、控制技术、机电一体化技术等诸多领域。本专业旨在培养与电气工程有关的系统运行、自动控制、电力电子技术、信息处理、试验分析、研制开发、经济管理以及电子与计算机技术应用等领域工作的高级工程技术人才。

学制、学位：4年，学生毕业考试成绩合格后授予工学学士学位。

主干学科：电气工程、计算机科学与技术、控制科学与工程。

主干课程：电路原理、电子技术基础、电机学、电力电子技术、电力拖动与控制、计算机技术、信号与系统、控制理论等。

【高校推荐】

华北电力大学，清华大学，上海交通大学，华中科技大学，浙江大学，河北工业大学，西安交通大学，哈尔滨工业大学，东南大学，重庆大学。

【行业前景】

本专业就业面非常广，学生可以选择进入电力系统工作，如国家电网、各级电力公司、电力设计院、电力科学研究院等，也可以进入工业电气、新能源汽车、航空航天、机器人控制等众多行业，从事与电气设备、电机系统相关的研发设计、系统运行以及计算机控制等方面的工作。

电子科学与技术

【专业介绍】

本专业俗称“无线电”专业，研究内容包括用电传输处理各式各样的信息流，采用电子器件实现电能的高效率变换与控制，用微电子技术处理功率器件和集成电路的电功率、电信号。本专业要求学生主要掌握信号的获取与处理、电子设备与信息系统等方面的专业知识，具有电子与信息工程实践的基本能力，旨在培养学生设计、开发、应用和集成电子设备与信息系统的基本能力。

学制、学位：4年，学生毕业考试成绩合格后授予工学学士学位。

主干学科：电子科学与技术、信息与通信工程、计算机科学与技术。

主干课程：电路理论系列课程、计算机技术系列课程、信息理论与编码、信号与系统、数字信号处理、电磁场理论、自动控制原理、感测技术等。

【高校推荐】

东南大学，上海交通大学，西安交通大学，南京邮电大学，电子科技大学，西安电子科技大学，华中科技大学，北京邮电大学。

【行业前景】

本专业的毕业生就业面广，适应性强。毕业生可以在与电力电子、功率半导体与集成电路、新能源、电子信息等专业相关性很强的企业工作；或者在与本专业相关的国有企业、设计院、电网公司工作，如中船重工、国家电网、南方电网等。

通信工程

【专业介绍】

本专业学生主要学习光波、无线、多媒体等通信技术，以及通信系统和通信网的基本原理、分析与设计方法。要求学生掌握设计、应用通信系统和通信网等相关知识。本专业旨在培养能在通信领域中从事研究、设计、开发、调测、制造、运营通信技术与设备的高级工程技术人才。

学制、学位：4年，学生毕业考试成绩合格后授予工学学士学位。

主干学科：信息与通信工程、计算机科学与技术。

主干课程：电路理论与应用的系列课程、计算机技术系列课程、信号与系统、电磁场理论、数字系统与逻辑设计、数字信号处理、通信原理等。

【高校推荐】

北京邮电大学、南京邮电大学、西安电子科技大学、哈尔滨工业大学、电子科技大学，天津大学、北京交通大学，河海大学，哈尔滨工程大学。

【行业前景】

本专业的毕业生可以在电信运营公司、通信服务公司、通信产品公司等从事电信通信的建设、运行维护、信号传输维护、通信设备维护等服务类工作。也可以进行相关的科研工作，如芯片设计、软件编程、硬件设计等产品开发类工作。

微电子科学与工程

【专业介绍】

本专业是一门新兴专业,是在电子学、材料科学、计算机科学、集成电路设计制造学等学科，以及超净、超纯、超精细加工技术的基础上发展起来的。本专业主要研究半导体器件、功能电子材料、固体电子器件，还研究集成电路芯片与半导体器件的设计与工艺制造技术，包括新型半导体器件设计、超大规模集成电路、模拟与混合信号集成电路、射频集成电路芯片等的设计。本专业要求学生掌握各种固体电子器件和集成电路的基本原理，掌握新型微电子器件和集成电路分析、设计、制造的基本理论和方法，并且具备良好的实验技能。

学制、学位: 4年,学生毕业考试成绩合格后授予工学学士学位。

主干学科：电子信息科学与技术。

主干课程：高等数学、大学物理及实验、电路分析基础及实验、模拟电路及实验、数学物理方法、C++ 语言、数字电路及实验、信号与系统及实验、半导体物理及实验、固体电子学、微电子器件、微电子集成电路、集成电路设计与制造、电子设计自动化、微电子技术专业实验和集成电路工艺实习等。

【高校推荐】

北京大学，上海交通大学，西安电子科技大学。

【行业前景】

本专业学生可以从事电子材料、设计集成电路系统、研究开发电子产品等工作，其中微电子器件与集成电路芯片在日常生活中扮演了越来越重要的角色，如手机、电视、计算机、音响等，而一个芯片的特性可以决定一种电子设备的性能，因此核心芯片的功能在电子设备中越来越重要。在智能社会中，复杂的集成电路芯片对于核心的智能电子设备尤为重要。

光电信息科学与工程

【专业介绍】

本专业是由光学、光电子、微电子等技术结合而成的多学科综合技术专业，涉及光信息的辐射、传输、探测以及光电信息的转换、存储、处理与显示等众多的内容。本专业学生主要学习光学、机械学、电子学及计算机科学的基础理论及专业知识，旨在培养学生研究开发新系统、新技术的能力，要求学生掌握光电信息领域中光电仪器的设计及制造方法。

学制、学位：4 年，学生毕业考试成绩合格后授予工学学士学位。

主干学科：光学。

主干课程：热学、力学、电磁学、原子物理、电子线路实验、高等数学、大学物理实验、电路分析基础、模拟电子技术、数字电子技术、光通信原理等。

【高校推荐】

华中科技大学，电子科技大学，北京理工大学，哈尔滨工业大学，上海理工大学。

【行业前景】

近年来，随着光电信息技术产业的迅速发展，对从业人员和人才的需求逐年增多，因而对光电信息技术基本知识的需求量也在增加。本专业的毕业生可在相关企事业单位从事光电仪器和精密仪器的设计、制造，光学零件的加工、镀膜，以及生产组织、经营等工作；也可在高校、科研单位、部队从事教学、科研等相关工作。

软件工程

【专业介绍】

本专业采用工程的概念、原理、技术和方法来开发、维护软件。本专业要求学生掌握软件系统的分析、设计与开发，项目管理、软件系统的运行维护等方面的基础知识。本专业旨在培养具有良好软件设计能力、国际交流能力、管理与沟通能力和职业发展能力的复合型、应用型高层次软件工程人才。

学制、学位：4年，学生毕业考试成绩合格后授予工学学士学位。

主干学科：软件工程。

主干课程：离散数学及其应用、数据结构基础、高级数据结构与算法分析、计算机系统原理、操作系统、计算机网络、数据库系统、面向对象程序设计、面向信息技术的沟通技巧、软件工程基础等。

【高校推荐】

清华大学，北京航空航天大学，电子科技大学，西北工业大学，南京大学，东北大学，同济大学，吉林大学，哈尔滨工业大学。

【行业前景】

软件工程专业的毕业生主要面向两类就业岗位：一类是各种规模的IT企业，从事项目管理、软件设计、软件开发和质量保证等相关工作；另一类是进入对IT技术依赖度很高的金融、电信等行业的IT部门，从事这些行业的业务软件的开发、测试、维护等相关工作。

信息安全

【专业介绍】

本专业是国家重点发展的新兴交叉学科，是一个涉及计算机科学、网络技术、通信技术、密码技术、信息安全技术等多种学科的综合性学科。其主要研究对象是信息系统安全的理论、信息系统的安全威胁、信息系统安全技术、信息系统的安全保障，包括密码学、网络安全、系统安全、应用安全、数据安全、多媒体安全等内容。本专业要求学生掌握自然科学和信息科学的基础知识，以及信息安全的基本理论、技术和应用知识，熟悉网络空间安全等内容，具备在网络空间安全、计算机、通信和电子等方面进行研究与技术开发的基本能力。本专业旨在培养具有一定的国际视野的高级科学研究人才和工程技术人才。

学制、学年：4年，学生毕业考试成绩合格后授予工学学士学位。

主干学科：网络信息安全技术、计算机科学与技术、信息与通信工程、电子科学与技术。

主干课程：泛函分析、拓扑学、偏微分方程、离散数学、运筹学、数学建模、微分几何等。

【高校推荐】

上海交通大学，北京邮电大学，哈尔滨工业大学，华中科技大学。

【行业前景】

信息安全是十分具有发展前途的专业，是国家紧缺人才的专业。本专业的毕业生可在计算机、通信、电子商务、电子政务等领域从事系统安全分析、系统安全评估、安全方案制订、安全技术开发等工作。例如，在高等院校、科研院所、党政机关、军队、武警、公安、法院、检察院、司法部门、安全部门、工商系统、税务系统、海关、银行、保险、民航、电信、交通、电力、邮政等事业单位和企业等从事计算机与网络信息安全技术的教学、科研、开发、管理和应用工作。

土木工程

【专业介绍】

本专业的研究对象是支撑人类生活的建筑、交通、水资源、环境等基础设施的规划、设计、建设和运行管理。本专业是一门古老而又年轻的学科，随着科技进步和人类文明的发展而不断被赋予新的内涵。本专业旨在培养具备从事土木工程的项目规划、设计、研究开发、施工及管理的能力，能在房屋建筑、地下建筑、隧道、道路、桥梁、矿井等的设计、研究、施工、管理、投资、开发部门从事技术或管理工作的高级工程技术人才。

学制、学年：4年，学生毕业考试成绩合格后授予工学学士学位。

主干学科：力学、土木工程、水利工程。

主干课程：材料力学、结构力学、流体力学、土力学、建筑材料、混凝土结构与钢结构、房屋结构、桥梁结构、地下结构、道路勘测设计与路基路面结构、施工技术与管理。

【高校推荐】

同济大学，清华大学，哈尔滨工业大学，东南大学，北京工业大学，西南交通大学，重庆大学，浙江大学，上海交通大学，湖南大学，天津大学。

【行业前景】

本专业的毕业生可以在土木、建筑、交通、水资源、海洋工程和环境等相关行业从事规划、设计、开发和管理的工作。我国经济的持续健康发展、城市化进程的加快、“一带一路”倡议的实施以及进一步扩大开放的重大举措为土木工程专业的毕业生今后在国内和国际上的职业发展提供了广阔的发展空间和巨大的发展机遇。

机械工程

【专业介绍】

本专业是以自然科学和技术为理论基础，研究和解决机械在开发、设计、制造、运行和维护中的全部理论和实际问题的一门应用学科，要求学生学习机械设计与制造过程、机械零部件、机械装备、智能机电系统等内容。本专业旨在培养学生的机械设计、制造、自动化基础知识与应用能力，能在工业生产中从事机械工程方面的工作，以及自动化领域内的设计制造、科技开发、应用研究、运行管理和经营销售等方面的工作。

学制、学位：4年，学生毕业考试成绩合格后授予工学学士学位。

主干学科：力学、机械工程。

主干课程：理论力学、材料力学、工程热力学和工程流体力学、工程数值方法、机械设计、电工电子学、液压与气动、控制工程基础、机械工程测试技术、制造过程和工程、机器人技术、数控技术与装备自动化、线性系统与数字控制、产品方法设计、质量管理学等。

【高校推荐】

清华大学，上海交通大学，东南大学，上海大学，西安交通大学。

【行业前景】

本专业的就业面十分宽广，除高等院校机械工程专业教师、科研院所的科研工作者外，毕业生还可以在相关的服务领域中从事设计、制造、技术管理、设备维护等工作，常见的职位有机械设计工程师、机械制造工程师、新产品研发工程师、设备工程师、技术支持工程师、供应链工程师等。

环境科学与工程

【专业介绍】

本专业主要研究废水、废气、垃圾固废和噪声等污染治理，以及环境规划与管理、环境影响评价、环境工程技术经济和环境监测等内容。本专业要求学生掌握扎实的数学、物理、化学等自然科学知识，系统掌握环境科学与工程的基本理论知识，具备环境监测分析、环境污染预防与控制、环境规划与管理等方面的知识和能力，具有识别复杂环境问题、掌握环境变化根本规律的能力，具备环境领域新工艺、新技术和新设备的研究、开发和设计的初步能力。本专业旨在培养具有解析环境问题成因、开发环境整治技术，具有生态环境经济管理与产业评估能力的适应生态文明建设需求的高素质人才。

学制、学位：4年，学生毕业考试成绩合格后授予工学学士学位。

主干学科：环境工程、环境科学。

主干课程：工程测量、水力学、环境监测、给水处理、大气污染控制工程、固体废弃物处理工程、给排水管道设计、污水及废水处理、污水处理实验、工程辅助设计CAD、工程制图等。

【高校推荐】

北京大学，上海交通大学，中国人民大学。

【行业前景】

环境问题逐渐成为社会各界关注的问题。我国相继出台“水十条”“土十条”“气十条”等宏观政策。我国环境工程类从业人员需求量大，环境工程专业学生将会是未来几十年最为抢手的人才资源。许多县市级的环保部门以及国有大中小企业均有人才缺口。毕业生可以从事环保、环境质量管理、工程设计、技术开发等工作，可参与的行业有冶金、能源、医药、农业等。

生物医学工程

【专业介绍】

本专业是一门高度综合性的交叉学科，它运用现代自然科学和工程技术的原理与方法，从工程学角度研究生物医学传感、医学信息、医疗仪器、组织工程等，为疾病的预防、诊断、治疗和检测提供保障。本专业旨在培养具有生命科学、电子技术、计算机技术、信息科学的基础理论知识，在生物医学工程领域、医学仪器以及其他电子技术、计算机技术方面具有研发能力的高级工程技术人才。

学制、学位：4年，学生毕业考试成绩合格后授予工学学士学位。

主干学科：生物医学工程。

主干课程：基础医学课程、定量生理学、模拟与数字电子技术、生物医学传感器与测量，微型计算机原理及其在医学中的应用、数字信号处理、医学信号处理、医学图像处理、医学仪器、医学成像技术等。

【高校推荐】

清华大学，上海交通大学，南方医科大学，西安交通大学，东北大学。

【行业前景】

生物医学工程专业就业质量高、就业面广泛。毕业生可以从事医疗仪器、医学影像研发和管理相关工作；也可以在电子信息、通信等 IT 行业工作；或者到国防军工单位、医院就业。

建筑学

【专业介绍】

本专业综合了工程技术、设计、艺术、人文、社科等多元化知识体系，学生要学习工程技术领域的力学、结构、材料、物理、设备等基础知识，空间设计领域的形式秩序、场所环境、视觉尺度、功能架构、空间建构、城市设计、景观设计等专业知识，也要关注地域特征、历史文脉、建筑理论、社会批评、艺术感受、人居心理等综合因素。本专业旨在培养学生建筑设计、城市设计、室内设计等方面的能力，以及建筑保护与研究的能力。

学制、学位：4 年，学生毕业考试成绩合格后授予工学学士学位。

主干学科：建筑学。

主干课程：建筑设计基础、建筑设计及原理、中外建筑历史、建筑结构与建筑力学、建筑构造等。

【高校推荐】

清华大学，同济大学，东南大学，重庆大学，西安建筑科技大学，华南理工大学，天津大学，浙江大学。

【行业前景】

毕业生可进入建筑设计院、房地产开发与运营管理部门、建设行业管理部门等从事相关工作。也可考取公务员，进入城建与规划部门从事建筑方面的工作。

自动化

【专业介绍】

本专业发展的目的，就是为各行各业解放劳动力，提高生产效率从而推动社会进步。自动化是一个典型的学科综合与交叉的专业，主要运用信息（计算机软硬件、网络、算法、模型等）的先进技术和方法，解决在工业、能源、交通、环境、航空航天、国防、海洋、农业等行业中存在的传输、测量、控制、优化等问题。本专业旨在培养能在运动控制、工业过程控制、电力电子技术、检测与自动化仪表、电子与计算机技术、信息处理、管理与决策等领域从事系统分析、系统设计、系统运行、科技开发及研究等方面工作的高级工程技术人才。

学制、学位：4年，学生毕业考试成绩合格后授予工学学士学位。

主干学科：控制科学与工程、电气工程、计算机科学与技术。

主干课程：电路原理、电子技术基础、计算机原理及应用、计算机软件技术基础、过程工程基础、电机与电力拖动基础、电力电子技术、自动控制理论、信号与系统分析、过程检测及仪表、运筹学、计算机仿真、计算机网络、过程控制、运动控制、系统辨识基础、计算机控制系统、系统工程导论、人工智能导论等。

【高校推荐】

清华大学，东北大学，北京航空航天大学，哈尔滨工业大学，东南大学，上海交通大学，北京理工大学，浙江大学，西安交通大学。

【行业前景】

自动化专业的毕业生特别是研究生的就业方向广，能从事系统分析与设计、自动化设备研制、自动化技术服务、大数据挖掘与应用、机器人研发、电子工程、信息技术应用等方面的工作。

机器人工程

【专业介绍】

本专业是一个多领域交叉的前沿学科，是在真实世界环境下将感知、决策和执行驱动融合在一起的应用交叉学科和技术。本专业综合应用自然科学、工程技术、社会科学、人文科学等相关学科的理论、方法和技术，研究机器人的智能感知、优化控制与系统设计、人机交互模式等学术问题。本专业旨在培养一批具有研发、操作、维护机器人系统的综合性技术人才。

学制、学位：4年，学生毕业考试成绩合格后授予工学学士学位。

主干学科：机械工程、控制科学与工程。

主干课程：微积分或数学分析、大学物理、模拟与数字电子技术、计算机基础、自动控制原理、嵌入式系统、工程力学、机器人与人工智能导论、机器人学、机器人传感技术、机器视觉、机器人驱动与控制、人工智能与机器学习、机器人前沿、空中机器人、软体仿生机器人与智能材料、计算机控制系统设计等。

【高校推荐】

北京大学，浙江大学。

【行业前景】

机器人工程专业毕业的学生主要在机器人、人工智能、智能制造等领域内从事整体系统设计、核心零部件开发和智能算法研发工作，以及在机器人相关应用领域从事科学研究、技术开发、应用维护和管理等工作。

航空航天工程

【专业介绍】

本专业是工业体系中的“王冠”。本专业主要包括设计和开发飞机、航天器、导弹、登月交通工具等高速交通工具，旨在培养能从事航空航天飞行器总体、结构和系统设计的高素质人才。

学制、学位：4年，学生毕业考试成绩合格后授予工学学士学位。

主干学科：航空宇航科学与技术、力学、控制科学与工程。

主干课程：空气动力学、航空航天概论、机械设计基础、电路与电子学、自动控制原理、工程热力学、飞行器总体设计、传热学、燃烧学、流体力学、结构强度、材料与制造工艺、航空发动机、飞行控制、通信与导航、风洞试验、可靠性与质量控制、安全救生、航空仪表、航空宇航制造工程、电子对抗技术、隐身技术、飞机维修等。

【高校推荐】

清华大学，上海交通大学。

【行业前景】

本专业毕业生可以从事航空、航天、民航等行业的科研和管理工作，也可以从事与航空学有关的科研、技术开发、工程设计、测试、制造、使用、维修和教学工作。

核工程与核技术

【专业介绍】

本专业研究核动力系统设计、反应堆安全、核材料与燃料、核辐射等内容，研究方向包括核电核心装备设计、先进核电技术研发、数字化反应堆等。学生要掌握工程热物理、核工程、核技术的基础理论。本专业旨在培养具有从事核工程、核技术的实验研究、设计建造，运行管理的复合型、创新型核工程与核技术高级技术研发和工程管理领军人才。

学制、学位：4 年，学生毕业考试成绩合格后授予工学学士学位。

主干学科：动力工程与工程热物理、核科学与技术。

主干课程：工程力学、机械设计基础、电工与电子技术、工程热力学、流体力学、传热学、控制理论、测试技术、核物理、核反应堆、核能与热能动力装置、热工设备等。

【高校推荐】

清华大学，复旦大学，上海交通大学。

【行业前景】

本专业的就业率相对较高，毕业生可在核电行业从事设计、研发、管理、运行等工作。

三、医学热门专业

临床医学

【专业介绍】

本专业研究人体的结构形态、生理过程、病理特征、疾病发生发展等基础医学知识，以及疾病的临床诊断、治疗等临床实践技能。本专业旨在培养学生在疾病的诊断、治疗、预防方面的基本能力，学生具有对人类疾病的病因、发病机理做出分类鉴别的能力，对急、难、重症的初步处理能力。

学制、学位：本科学制 5 年，学生毕业考试成绩合格后授予医学学士学位；硕士研究生学制 7 年，学生毕业考试成绩合格后授予医学硕士学位；博士研究生学制 8 年，学生毕业考试成绩合格后授予医学博士学位。

主干学科：基础医学、临床医学。

主干课程：人体解剖学、组织肝胎学、生理学、生物化学、药理学、病理学、预防医学、免疫学、诊断学、内科学、外科学、妇产科学、儿科学、中医学等。

【高校推荐】

上海交通大学，复旦大学，四川大学华西医学中心，北京大学，北京协和医学院，首都医科大学。

【行业前景】

临床医学专业的毕业生有着广阔的发展前景，毕业生可在医疗卫生机构、医学科研单位、卫生行政部门从事临床、科研和管理等工作，也可进入“互联网＋健康”行业。

口腔医学

【专业介绍】

本专业是研究人类口腔及颌面部疾病发生、发展规律及防治的学科，与生命科学、医学、材料科学、生物医学、预防医学等学科有密切联系和交叉的学科，是现代医学体系中与人文社会科学紧密相连的、实践性很强的应用型学科。学生要掌握口腔医学的基本理论和知识，具有对口腔及颌面部疾病进行诊断、治疗、预防、修复和保健的基础能力。口腔医学专业有其一定的特殊性，需要较长时间的临床实践。

学制、学位：本科学制 5 年，学生毕业考试成绩合格后授予医学学士学位；硕士研究生学制 7 年，学生毕业考试成绩合格后授予医学硕士学位。

主干学科：基础医学、临床医学、口腔医学。

主干课程：物理学、生物化学、口腔解剖生理学、口腔组织病理学、口腔材料学、口腔内科学、口腔颌面外科学、口腔修复学、口腔正畸学等。

【高校推荐】

北京大学，上海交通大学，首都医科大学，武汉大学。

【行业前景】

本专业的毕业生可以去各级医疗卫生机构、医学院校、科研院所从事口腔常见病、多发病的诊治、修复和预防等工作。

四、文学热门专业

汉语言文学

【专业介绍】

本专业是中华民族用以了解历史、研究文化的一门工具学科，是研究中国的古今语言和文学的一门基础学科。汉语言文学专业旨在培养能扎实掌握汉语言文学的学科专业知识，具备高度的人文素养和深广的研究能力，富于创新精神和引领气质的精英化人才。

学制、学位：4年，学生毕业考试成绩合格后授予文学学士学位。

主干学科：中国语言文学。

主干课程：语言学概论、古代汉语、现代汉语、文学概论、中国古代文学史、中国现当代文学史、马克思主义文论、比较文学、中国古典文献学、外国文学史、民间文学、汉语史、语言学史等。

【高校推荐】

北京师范大学，南京大学，北京大学，复旦大学，华东师范大学，中山大学，吉林大学，暨南大学，南开大学，首都师范大学。

【行业前景】

本专业毕业生可以选择深造，直接攻读博士进入研究生阶段学习；可以选择留学，可也以选择在新闻出版、文艺宣传、教学科研等文化研究单位从事编辑、采写、企宣、文案、教师等与专业基础尤其是文字能力密切相关的工作。

英语

【专业介绍】

本专业的研究对象是英语国家的文学、文化学、语言学，要求学生不仅学习英语的语言结构与基本规律，还要知晓它的历史演变、社会功能，了解其民族文化、社会背景等。本专业旨在培养学生高尚的中国情怀、厚重的人文知识、扎实的语言基础知识、娴熟的跨文化传播和沟通能力，对西方文化特别是英语国家文化有深入的了解，具有批判性创新思维。

学制、学位：4 年，学生毕业考试成绩合格后授予文学学士学位。

主干学科：外国语言文学。

主干课程：基础英语、高级英语、报刊选读、视听、口语、英语写作、翻译理论与实践、语言理论、语言学概论等。

【高校推荐】

北京大学，上海外国语大学，南京大学，清华大学，北京外国语大学，上海交通大学，山东大学，四川外国语大学，广西大学，华东师范大学。

【行业前景】

毕业生可以在经济贸易、新闻出版、文化教育、科研、旅游、大众传媒、公共事业等部门从事翻译、研究、教学、对外交流等与英语相关的工作。

新闻学

【专业介绍】

本专业的研究对象主要包括新闻传播事业的历史与现状、新闻学理论知识与研究方法、新闻传播实践策略、业务技能和政策法规等内容。学生需要掌握新闻采访、写作、编辑、评论、摄影等业务知识与技能，具有调查研究和社会活动能力。

学制、学位：4年，学生毕业考试成绩合格后授予文学学士学位。

主干学科：新闻传播学。

主干课程：新闻学概论、中国新闻事业史、外国新闻事业史、新闻采访与写作、新闻编辑与评论、马列新闻论著选读、中国历代文学作品选读、大众传播学、新闻法规与新闻职业道德、新闻摄影、广播电视学、新闻事业管理、广告学与公共关系学等。

【高校推荐】

中国人民大学，中国传媒大学，清华大学，复旦大学，暨南大学，浙江大学。

【行业前景】

本专业的毕业生就业前景极佳，可以到中央和地方主流媒体、政府部门、重点国企、民企和网站等从事策划、采访、写作、评论、管理等工作。

广告学

【专业介绍】

本专业是一门交叉学科，其在研究内容上涉及经济学、市场学、心理学、绘画、摄影、戏曲等多个学科。本专业旨在培养具有全媒体新闻传播知识和能力的应用型、复合型、创新型人才，以及具有全球视野和跨文化传播能力的国际新闻传播人才。

学制、学位：4年，学生毕业考试成绩合格后授予文学学士学位。

主干学科：新闻传播学。

主干课程：传播学概论、广告学概论、广告策划与创意、广告史、广告文案写作、广告经营与管理学、广告媒体研究、广告摄像与摄影、实用美术与广告设计、电脑图文设计、广告效果研究方法、市场调查与分析、公共关系学、中外广告法规与广告职业道德等。

【高校推荐】

中国传媒大学，中国人民大学，暨南大学，福建师范大学。

【行业前景】

本专业的毕业生能在广告公司、企业的营销部门从事广告经营管理、策划、市场调查分析、文案写作等相关工作。

五、法学热门专业

法学

【专业介绍】

本专业是一门研究法律和法律现象的学科。作为一门涉及社会规范、社会关系、社会问题的实用型社会科学，法学不仅要研究法律体系的内容、结构和要素，还要研究法律的实际效力、效果、作用和价值。本专业要求学生拥有良好的沟通能力、清晰的口头表达和书面表达能力，以及逻辑思辨能力。本专业旨在培养能在立法机关、行政机关、检察机关、审判机关、仲裁机构和法律服务机构从事法律工作的高级专门人才。

学制、学位：4年，学生毕业考试成绩合格后授法学学士学位。

主干学科：法学。

主干课程：法理学、中国法制史、宪法、行政法与行政诉讼法、民法、商法、知识产权法、经济法、刑法、民事诉讼法、刑事诉讼法、国际法、国际私法、国际经济法等。

【高校推荐】

中国政法大学、中国人民大学，北京大学，清华大学，武汉大学，西南政法大学，中南财经政法大学。

【行业前景】

法律存在于社会的各个角落，诸如家庭婚姻生活、商业贸易、企事业经营、政府管理、国际争端、领土划分……这些都需要法学专业人才利用所学知识来解决。毕业生可以去政府行政部门、律师事务所、国际组织等部门工作，成为律师、法官、检察官或者公司法务人员等。

社会学

【专业介绍】

本专业研究的对象是社会，从正（社会和谐的条件）、反（社会失调的原因）两个方面来研究分析社会系统健康运行、协调发展的条件与机制。它既包括揭示这种条件和机制的基础性、理论性研究，也包括在这种基础性、理论性研究的前提下展开的如何解决社会问题、协调社会关系、促进社会健康发展的应用性研究。本专业旨在培养学生的社会学调查方法和技能、社会统计方法，以及较强的论文写作和语言表达的能力。

学制、学位：4 年，学生毕业考试成绩合格后授予法学学士学位。

主干学科：社会学、法学。

主干课程：社会学概论、社会研究方法、社会心理学、中外社会思想史、古典及现代社会学理论、社会统计与计算机应用等。

【高校推荐】

北京大学，中国人民大学，南京大学，清华大学。

【行业前景】

社会学不仅培养学生社会调查和数据分析的实际技能，而且培养学生系统性地把握和洞察社会的思维能力，因此社会对社会学专门人才的需求是非常旺盛的，社会学专业毕业生面向的行业也非常广泛。毕业生能在教育、科研机构、党政机关、企事业单位、社会团体从事社会研究与调查、政策研究与评估、社会规划与管理、发展研究与预测等工作。

六、农学热门专业

农学

【专业介绍】

本专业研究的对象主要为大田农作物，包括粮食作物、纤维作物、油料作物等。其研究对象的多样性和复杂性，决定了农学专业学习（研究）的范围广泛和门类繁多。本专业旨在培养学生在作物育种、作物栽培与耕作、种子生产与检验、农业经营与管理、推广和开发、教学与科研等方面的基本能力。

学制、学位：4年，学生毕业考试成绩合格后授予农学学士学位。

主干学科：作物学。

主干课程：作物育种、种子学、农业生态学、农业气象、农业经济管理、植物学、植物营养与施肥、植物病理学、细胞遗传学、分子遗传学、植物生理与生物化学、应用概率统计、田间试验设计、农业推广学等。

【高校推荐】

中国农业大学，华中农业大学，南京农业大学。

【行业前景】

本专业毕业生可以到农场、种子公司、农业技术推广部门、国家机关等单位从事农业经营、教学、科研等工作，学生毕业后也可以选择转向生命科学的其他领域，如细胞工程、基因工程乃至神经科学等方向。

七、管理学热门专业

信息管理与信息系统

【专业介绍】

本专业是一个新兴的专业，被称为社会科学专业中最具技术性和实践应用性的专业，它兼具管理、经济与信息技术等多门学科的特点。本专业要求学生既要有偏社科性的管理思维，也要有偏理工科的数据处理与编程能力，旨在培养能够利用信息技术和信息系统进行管理创新和商务模式创新的复合型高级专门人才。

学制、学位：4年，学生毕业考试成绩合格后授予管理学学士学位。

主干学科：管理学、经济学、计算机科学与技术。

主干课程：计算机程序设计、数据结构、计算机组成、操作系统、会计学、计算机网络、数据库原理、经济学、管理学原理、运筹学原理、信息管理学、管理信息系统、软件工程、电子商务、多媒体技术等。

【高校推荐】

武汉大学，清华大学，天津大学，北京大学，合肥工业大学，吉林大学，中国人民大学，北京交通大学。

【行业前景】

本专业的就业选择面非常大，经过上岗培训后往往能胜任从信息技术岗到信息管理岗的各种职务。与信息管理与信息系统专业对口的职业主要有信息化管理咨询、数据挖掘与管理咨询、信息系统开发、信息网络构建、信息系统运维以及信息资源开发利用等。

工商管理

【专业介绍】

本专业着重于探讨如何对企业组织和商业的运行进行合理的资源配置、协调合作和监督执行以实现价值创造的理论与方法。工商管理专业的学习内容涵盖了诸如战略管理、人力资源管理、市场营销、生产运作、项目管理等传统企业职能管理的主要环节。本专业旨在培养具备管理、经济、法律及企业管理方面知识的高级专门人才。

学制、学位：4年，学生毕业考试成绩合格后授予管理学学士学位。

主干学科：经济学、工商管理。

主干课程：管理学、微观经济学、宏观经济学、管理信息系统、统计学、会计学、财务管理、市场营销、经济法、经营管理、人力资源管理、企业战略管理、企业财务管理、企业生产管理等。

【高校推荐】

中国人民大学，上海交通大学，东北财经大学，大连理工大学，华南理工大学，吉林大学，暨南大学，复旦大学，重庆大学，中山大学，南京大学，中南财经政法大学。

【行业前景】

本专业的毕业生可以进入管理咨询公司、商业研究分析机构、大型企事业单位、创业和高成长性企业、金融证券或投资公司等。工商管理专业的学生由于基础扎实，因此特别适合企业作为未来高级管理人才（即管培生）进行培养。

会计学

【专业介绍】

本专业的研究对象是组织的资金运动和各类经济活动，涉及会计、审计、财务与金融等多个领域。重点包括对经济业务进行计量、记录、汇总和分析；筹资管理、投资管理、营运资金管理和利润分配管理等，涵盖了企业资金来源、资金运作和资金去向管理等方面的研究。本专业旨在培养学生的会计、审计和工商管理方面的基本理论和基本知识，以及分析和解决会计问题的基本能力。

学制、学位：4年，学生毕业成绩合格后授予管理学学士学位。

主干学科：会计学。

主干课程：基础会计、会计电算化、财务管理学原理、微观经济学、宏观经济学、产业经济学、会计学基础、统计学原理、管理学、会计学原理、财务管理、中级财务会计、审计学等。

【高校推荐】

复旦大学，上海交通大学，南京大学，上海外国语大学，上海财经大学，中山大学，中国人民大学，中央财经大学，厦门大学。

【行业前景】

会计学是一个适用面极其广泛的专业。毕业生可以就业于金融机构、会计师事务所等各个领域的企业，还可以从事政府财政、审计甚至反腐工作。

人力资源管理

【专业介绍】

本专业要求学生掌握管理学、经济学及人力资源管理的基本理论、基本知识，人力资源管理的方法与技巧，旨在培养掌握现代人力资源管理知识，具有实用人力资源管理技能，谙熟人力资源管理业务和操作，具备国际视野的专门人才。

学制、学位：4 年，学生毕业考试成绩合格后授予管理学学士学位。

主干学科：经济学、统计学、管理学。

主干课程：管理、微观经济、宏观经济学、管理信息系统、统计学、会计学、财务管理、市场营销、经济法、人力资源管理、组织行为学、劳动经济学、绩效管理、薪酬与福利、培训与开发、招聘与配置、人力资源规划、劳动法、人力资源管理软件等。

【高校推荐】

中国人民大学，北京大学，浙江大学，西南财经大学，东北财经大学，山东大学。

【行业前景】

本专业的毕业生可在企事业单位和政府部门从事专业相关的分析和实务工作，如招聘、人力资源开发、考核、薪酬管理、员工培训、办公室文秘等工作。

八、经济学热门专业

经济学

【专业介绍】

本专业是一门研究人类行为及如何将有限稀缺的资源进行有效合理配置的学科。公司董事会和管理层关于薪酬的讨论、企业的价格策略选择、菜农和买家之间的讨价还价，甚至家庭关于生育决策的讨论，等等，都可以在经济学的分析框架中获得洞见。本专业旨在培养具有运用数量分析方法和现代技术手段进行社会经济调查、经济分析和实际操作能力的专业人才。

学制、学位：4年，学生毕业考试成绩合格后授予经济学学士学位。

主干学科：经济学。

主干课程：政治经济学、西方经济学、会计学、统计学、计量经济学、国际经济学、货币银行学、财政学、经济学说史、发展经济学、企业管理、市场营销、国际金融、国际贸易等。

【高校推荐】

北京大学，中国人民大学，上海财经大学，清华大学，南开大学，西南财经大学，武汉大学，厦门大学。

【行业前景】

经济学专业主要为学生深入学习社会科学提供扎实的基础理论和技术训练，毕业生可以选择继续深造，也可以选择考取公务员，到银行、证券公司和政府机构从事相关工作。

金融学

【专业介绍】

本专业是学习和研究不确定性条件下资金如何最优配置的学科，也就是如何最高效率地把资金供给者的资金配置给资金需求者，通过降低交易成本和提升配置效率提升整体社会福利，是一门非常具有实践意义的学科。本专业要求学生掌握货币银行学、国际金融、证券、投资、保险等方面的基本理论知识，旨在培养金融领域的专业人才。

学制、学位：4年，学生毕业考试成绩合格后授予经济学学士学位。

主干学科：经济学。

主干课程：政治经济学、西方经济学、财政学、国际经济学、货币银行学、国际金融管理、证券投资学、保险学、商业银行业务管理、中央银行业务、投资银行理论与实务等。

【高校推荐】

对外经济贸易大学，中国人民大学，北京大学，中央财经大学，西南财经大学，上海财经大学。

【行业前景】

本专业的毕业生可以在银行、证券、基金、保险、会计师事务所、咨询公司、大型企业和各级监管部门从事相关工作，如财务管理、证券分析、理财、融资等工作。

九、教育学热门专业

教育学

【专业介绍】

本专业是以研究教育现象和教育问题为依据，进而探索教育规律的学科。本专业旨在培养具有良好思想道德品质、较高教育理论素养和较强教育实践能力的教育工作者，包括高校师资、中小学校师资、教育科学研究单位研究人员、各级教育行政管理人员和其他教育工作者。

学制、学位：4年，学生毕业考试成绩合格后授予教育学学士学位。

主干学科：教育学、心理学。

主干课程：普通心理学、教育心理学、中国教育史、外国教育史、教育通论、教学论、德育原理、教育社会学、教育统计测量评价、教育研究方法、教育管理学、教育经济学、教育哲学、课程理论、中小学语文或数学教学法等。

【高校推荐】

北京师范大学，西南大学，华中师范大学。

【行业前景】

教育学专业的毕业生可以到各级教育行政部门、各类院校的教育管理部门和外事部门、大中型企业培训部门从事教学、管理和科研工作，可以到相关单位从事教育咨询与分析工作，可以到非政府组织从事教育改革和创新、行政管理等工作。